AF396149

Jean JADÉ

AVOCAT A QUIMPER

Les
Accidents du Travail
pendant la Guerre

Ouvriers mobilisés. — Feu de l'ennemi. — Travailleurs
agricoles. — Ouvriers requis. — Mariniers. — Travailleurs coloniaux. — Prisonniers de guerre.
Mutilés de la guerre. — Dames employées
dans les corps de troupe.

PARIS (5e)
M. GIARD & É. BRIÈRE
LIBRAIRES—ÉDITEURS
16, RUE SOUFFLOT ET 12, RUE TOULLIER
1917

LES

ACCIDENTS DU TRAVAIL

PENDANT LA GUERRE

Jean JADÉ

AVOCAT A QUIMPER

Les Accidents du Travail

pendant la Guerre

Ouvriers mobilisés. — Feu de l'ennemi. — Travailleurs agricoles. — Ouvriers requis. — Mariniers. — Travailleurs coloniaux. — Prisonniers de guerre. Mutilés de la guerre. — Dames employées dans les corps de troupe.

PARIS (5ᵉ)

M. GIARD & É. BRIÈRE

LIBRAIRES-ÉDITEURS

16, RUE SOUFFLOT ET 12, RUE TOULLIER

1917

Les dimensions de cet ouvrage indiquent déjà suffisamment qu'il ne s'agit pas ici d'une étude complète de
la législation sur les accidents du travail refondue et
adaptée à la période de guerre.

Le but que nous avons poursuivi est infiniment plus
modeste.

La guerre a créé en matière d'accidents du travail
une foule de situations toutes nouvelles qui n'avaient pu
être prévues jusqu'à ce jour, et soulevé quantité de
problèmes dont on chercherait en vain la solution dans
les travaux les plus importants publiés jusqu'à ce jour.

C'est cette lacune que nous avons voulu combler, et
nous sommes allé au plus pressé.

Nous avons écarté délibérément de ce travail les examens trop minutieux, les discussions trop théoriques,
ainsi que les questions qui ne présentent pas un intérêt
réel et immédiat dans le domaine des affaires.

Nous n'avons donc pas voulu faire une étude complète de la législation des accidents du travail en temps de guerre.

Nous ne prétendons pas avoir envisagé tous les cas intéressants.

Les situations les plus diverses se sont présentées en la matière depuis le début de la guerre, et plusieurs ont pu nous échapper.

D'autres ne se présenteront que plus tard, par suite d'une nouvelle orientation de la guerre ou des efforts du pays.

Enfin, il est certaines questions, ainsi que nous l'indiquions plus haut, qui ont été laissées de côté à dessein, parce qu'elles ne présentaient qu'un intérêt tout théorique, ou parce qu'il suffisait d'indiquer les solutions sans entrer dans des développements inutiles.

C'est ainsi que nous aurions pu traiter des accidents dont sont victimes au cours de leur travail les multiples catégories d'employés de chemins de fer, sur les différents réseaux et dans les positions les plus diverses.

Il y avait, rien que sur la responsabilité de ces accidents, matière à un volume considérable, que l'on examine la question au point de vue des organismes (réseaux de l'intérieur, sections territoriales complémentaires, sections de chemins de fer de campagne) ou du personnel (mobilisé, militaire proprement dit, requis, dégagé du service, etc.)

Nous n'avons pas cru devoir entreprendre ce travail, parce qu'il n'intéresse en définitive que les compagnies de chemin de fer et l'Etat, et que les divers problèmes soulevés seront vraisemblablement solutionnés par une convention amiable.

De même nous n'avons pas ouvert un chapitre spécial pour l'examen des conditions dans lesquelles pourront être indemnisés nos nationaux employés par l'armée anglaise et victimes d'accidents, parce que la question sera ultérieurement réglée par un accord passé entre les gouvernements intéressés.

Nous n'avons pas fait entrer dans cet ouvrage l'étude des accidents survenus en Alsace reconquise et en pays ennemi occupé par nos troupes, sur le point de connaître la législation et la juridiction applicables, en raison du petit nombre de personnes auxquelles ce travail aurait pu servir utilement.

Nous n'avons pas voulu nous étendre non plus sur la situation au point de vue des accidents du travail des membres des commissions de ravitaillement ou des ouvriers qu'elles occupent, parce que nous avons pensé que nul ne songerait à les considérer comme assujetties à la loi du 9 avril 1898.

Les premiers, en effet, sont payés par vacations à l'exclusion de tout salaire. On ne peut donc soutenir qu'ils sont liés à l'Etat par un contrat de louage d'ouvrage, et cet élément essentiel faisant défaut, ils ne peuvent se réclamer de la législation sur les accidents du travail.

En ce qui concerne les ouvriers embauchés directement par les commissions, il suffit d'indiquer que celles-ci ne peuvent être assimilées à des entreprises industrielles, commerciales ou agricoles et que par suite leurs employés ne peuvent pas être placés sous le régime de la loi du 9 avril 1898.

Cette théorie vient d'ailleurs d'être consacrée par un jugement du tribunal civil d'Aubusson du 12 janvier 1917.

Enfin nous avons estimé qu'il n'y aurait pas un intétérêt suffisant à étudier longuement les règles de compétence applicables aux tribunaux appelés à connaître à la suite d'un accord des parties du règlement d'accidents du travail survenus antérieurement à la guerre, dans les départements actuellement envahis, lorsque patron et ouvriers sont réfugiés à l'intérieur.

Dans son audience du 23 février 1917, le tribunal de Saint-Lô vient de décider qu'il se considérait comme valablement saisi par suite de l'accord des parties, dans une espèce de cette nature.

Nous avons voulu avant tout faire une œuvre pratique.

C'est pourquoi cette étude s'adresse directement et

plus spécialement aux industriels, sociétés d'assurances, compagnies de navigation, chefs d'exploitations agricoles, groupements ouvriers, etc.

Nous espérons que tous ceux-ci, même s'ils ne sont pas familiarisés avec la langue technique du droit trouveront rapidement, sans trop de peine dans nos différents chapitres, les réponses essentielles aux questions qui les préoccupent journellement en matière d'accidents du travail depuis la déclaration de guerre.

Cependant, nous n'avons pas cru devoir nous contenter d'un exposé trop succinct, suivi de l'indication brève des solutions adoptées.

Nous avons pensé que les hommes d'affaires appelés à traiter de ces questions délicates, à les discuter même devant les diverses juridictions seraient heureux de trouver groupés les éléments de leur argumentation, « corsés » d'une jurisprudence aussi complète que possible et de toute la documentation désirable.

A leur intention nous nous sommes étendu assez longuement sur les décisions les plus récentes des tribunaux. Nous avons recherché pour chaque cas l'avis des grandes administrations de l'Etat, et, en particulier, du Ministère de la Guerre qui est souvent en ces matières le principal intéressé.

Non pas, que nous reconnaissions à leurs décisions la même force juridique qu'à celles des tribunaux, mais parce qu'elles apportent à l'étude des questions qui nous occupent une précieuse contribution, tant à raison de la haute compétence des personnalités qui ont été appelées à les discuter que de celle des ministres qui les ont appliquées.

Nous serons largement récompensé de ce modeste travail s'il peut être, dans les limites du cadre que nous nous sommes assigné, de quelque utilité à ceux qui se préoccupent d'établir sur des bases solides et régulières le statut des travailleurs de l'arrière.

I

OUVRIERS MOBILISÉS DANS LES USINES DE LA DÉFENSE
NATIONALE

Il n'est pas jusqu'aux notions mêmes de la guerre qui
n'aient été bouleversées par la convulsion formidable qui,
depuis plus de deux années déjà, secoue toute l'Europe, et
dont les ondes, s'amplifiant, menacent de s'étendre sur le
monde entier.

En effet, si jusqu'à ce jour, l'entraînement, le moral,
l'ardeur guerrière de combattants largement ravitaillés et
convenablement armés ont pu, avec raison, être considérés
comme les facteurs déterminants du succès, il semble qu'actuellement il n'en soit plus de même, et que si ces éléments
demeurent d'un grand poids dans la balance du combat,
ils n'en soient plus les éléments décisifs.

La guerre actuelle tend de plus en plus à devenir une
guerre de matériel et une guerre économique.

La Victoire appartiendra, non pas à la nation qui se sera
uniquement préoccupée de jeter dans la mêlée le plus grand

nombre d'hommes manœuvriers, mais à celle qui, justement avare du sang de ses hommes, aura su produire la plus grosse masse d'acier sous laquelle elle écrasera l'adversaire ou dont elle se servira pous édifier le barrage contre lequel viendront se briser les vagues d'assaut des bataillons les plus valeureux.

La Victoire appartiendra encore à la nation dont les individus auront eu la volonté de s'imposer silencieusement les plus grosses privatio. . à celle qui aura été capable de restreindre ses dépenses, réserver ses richesses, échappant ainsi à la banqueroute qui guette ceux des adversaires imprévoyants ou trop prodigues, qui n'auront pas su organiser utilement leur vie économique.

Jusqu'au jour où la nécessité d'une nouvelle orientation des efforts en ce sens est devenue évidente, l'armée « pompait » les éléments les plus vigoureux du pays, pour les masser aux frontières, laissant aux femmes, aux hommes trop jeunes, trop vieux ou trop débiles de l'intérieur, le soin de subvenir vaille que vaille, dans l'attente d'une décision rapide, aux besoins de leur existence.

De même que chez le boxeur, toute l'énergie, toutes les forces se concentrent dans le bras qui va frapper, les autres parties du corps demeurant spectatrices ou simplement fonction de l'organe combattant, de même chez les peuples en guerre, toute la vigueur nationale semblait devoir être accumulée au front de bataille, le reste du pays demeurant en haleine, la vie comme suspendue, dans l'attente du grand choc.

Toute la préparation minutieuse de la mobilisation, tous les travaux de nos états-majors tendaient vers ce seul but : accroître le plus possible les effectifs de combat et c'est à peine si l'article 42 de la loi du recrutement (21 mars 1905) avait prévu la mise en sursis d'appel de quelques spécialistes absolument indispensables à la fabrication du matériel de guerre ou au bon fonctionnement des services.

Et cependant, dès le début des hostilités, l'ennemi semblait vouloir instaurer de nouveaux procédés de combat. Il mettait notamment en action des pièces lourdes à longue portée, contre lesquelles nos batteries de campagne demeuraient impuissantes. Une artillerie nouvelle était indispensable. La consommation des munitions augmentait sans cesse, au point d'atteindre des chiffres absolument effarants, au jour où les armées se figèrent dans des tranchées souterraines. Il fallait faire face aux exigences de cette consommation.

On conçoit dès lors que la production des établissements militaires soit rapidement devenue insuffisante et qu'il ait été nécessaire de recourir à l'industrie privée.

Mais dans quelles conditions celle-ci allait-elle se mettre à l'ouvrage ? Sa contribution à la fabrication des munitions de guerre n'avait jamais été prévue, du moins dans une aussi large mesure ; un outillage nouveau était à créer de toutes pièces. Beaucoup de ses chefs étaient atteints par la mobilisation, les plus jeunes et les plus actifs de ses techniciens servaient aux armées, ses ateliers étaient désorganisés, parfois complètement fermés.

Pour leur redonner de la vie, on se trouva dans l'obligation de distraire des effectifs de l'avant, certains hommes dont la présence était indispensable à la reprise du travail et à la bonne exécution des commandes.

L'autorité militaire s'inclina devant cette nécessité, en s'entourant, toutefois, de quelques précautions dont elle seule était juge.

Un certain nombre de mobilisés quittèrent ainsi le fusil pour l'enclume et reprirent le chemin des usines qui bientôt furent en pleine activité grâce à la bonne volonté de tous.

Puis devant les exigences croissantes de la consommation du matériel de guerre, il devint nécessaire d'augmenter encore leurs effectifs, au point de créer une véritable armée de travailleurs, l'armée de l'usine, ainsi qu'elle a été justement dénommée.

Mais aussitôt une foule de difficultés surgirent au sujet de ces hommes hier encore soldats, qui l'étaient peut-être encore aujourd'hui et dont la situation nouvelle n'avait pas été prévue par les règlements du temps de paix.

Demeuraient-ils toujours des militaires, comme tels soumis à la discipline militaire, ou bien complètement démobilisés allaient-ils pouvoir vivre comme leurs camarades dégagés de toutes obligations ? C'était la grosse question à résoudre.

On comprend très bien que l'autorité militaire ait eu la préoccupation d'ailleurs très légitime de conserver bien en mains ces mobilisés qu'elle ne consentait à enlever aux armées en campagne que pour mieux utiliser leurs capacités dans l'intérêt de la défense du pays.

Et cependant, même à l'époque où leur nombre était encore assez restreint, il eut été imprudent, sinon impossible d'essayer de les traiter en tout comme des militaires. Outre la difficulté de trouver à proximité des usines, des casernements tout prêts pour les recevoir et d'assurer les cadres de leurs groupements, le gros inconvénient était l'organisation militaire du travail, qui eut certainement nui à l'intensité de la production (1).

D'autre part, on pouvait craindre de porter atteinte à l'union nationale en créant à ces hommes une situation plus avantageuse que celle de leurs camarades demeurés sur la ligne de feu et nous retrouvons l'écho de ces préoccupations dans les travaux préparatoires de la loi du 17 août 1915. M. Henry Chéron s'exprime ainsi dans son rapport au Sénat (*Journal officiel* du 12 août 1915. *Annexes*, p. 173). « Le gouvernement, à la suite d'observations présentées récemment au Sénat relativement à des abus commis, a décidé que le salaire payé aux ouvriers devrait être le salaire normal de la région où ils travaillent et de la profession qu'ils exercent. Il nous demande de consacrer par la loi cette disposition. Nous y avons souscrit. Sans doute, nous n'ignorons pas que le problème du salaire est délicat et qu'il n'y a point en pa-

(1) Les essais tentés en ce sens par l'administration de la guerre qui ne donnait aux ouvriers mobilisés de quelques établissements que leur solde militaire augmentée d'une prime d'encouragement (circulaire du 15 novembre 1914), furent rapidement abandonnés.

reille matière de solution parfaite. On opposera, on oppose déjà la situation du simple soldat au front, gagnant sa modique solde bien qu'il soit exposé à tous les périls, à celle de l'ouvrier d'usine dont la sécurité est plus grande et qui touche son salaire normal. On dira que le gouvernement aurait pu, par la voie de la réquisition, militariser toutes les usines, en personnel et en matériel, depuis le patron jusqu'aux ouvriers et jusqu'aux machines. Le moins qu'on puisse répondre est qu'à l'heure actuelle la question n'est plus entière. Les ouvriers touchent leurs salaires comme les patrons leurs bénéfices. Nous avons une si ferme volonté de ne rien faire qui puisse entraver la production, nous plaçons si nettement au-dessus de tout la nécessité d'avoir des armes et des munitions, que nous ne voulons pas risquer par des mesures contraires aux usages du travail, de gêner ou de paralyser les fabrications de guerre. »

Déjà bien avant le vote de la loi Dalbiez, l'administration de la guerre avait adopté un système qui semblait devoir résoudre toutes les difficultés.

Elle posa tout d'abord en principe que les mobilisés des usines étaient des militaires, mais considérant que ces hommes n'avaient été distraits du front que pour être mis à la disposition des industriels fabriquant du matériel de guerre, elle pensa qu'il serait logique de les placer pour tout ce qui regarde le travail en usine sous l'autorité de ces derniers.

D'autre part, puisque les employeurs avaient passé avec l'État des marchés dont ils allaient retirer des bénéfices, il lui parut équitable de mettre à leur charge l'entretien des ouvriers qui concouraient à la réalisation de ces bénéfices. Et elle décida que cet entretien serait assuré par l'allocation d'un salaire raisonnable.

La question du logement et de la nourriture se trouvait du même coup résolue. La plupart des hommes détachés avaient été — tout au moins au début — rappelés nominativement de leurs corps, pour remplir les emplois qu'ils occupaient avant la mobilisation, dans la même usine, sous les ordres des mêmes patrons ; ils retrouvaient ainsi, toutefois avec certaines restrictions commandées par les circonstances, leur situation habituelle.

De cette façon, et en même temps qu'elle se débarrassait de la préoccupation d'organiser militairement le travail, l'autorité militaire s'assurait le plus fort rendement en qualité et en quantité.

Il n'entre pas dans le cadre de cet ouvrage d'examiner, en détail et sous toutes ses faces, la situation des ouvriers mobilisés détachés dans les usines de la Défense Nationale. Nous nous cantonnerons dans l'étude des accidents du travail, analysant tout d'abord les dispositions prises à ce sujet par l'administration de la guerre, réservant, d'autre part, la discussion des solutions adoptées et l'examen de la situation actuelle, telle qu'elle apparaît aujourd'hui nettement définie par les textes en vigueur et la mise en relief de la jurisprudence.

La circulaire du 25 juin 1915.

Le Ministre de la Guerre, nous venons de le voir, dans le but légitime d'exercer sur ses mobilisés des usines une surveillance constante pour les utiliser au mieux des intérêts de la Défense nationale, avait continué de les considérer comme des militaires. Par ailleurs, il avait apporté à leur situation certaines modalités, notamment en décidant qu'ils recevraient de leurs employeurs une juste rétribution de leur travail, sous la forme d'un salaire.

Mais bientôt, une question de la plus grande importance s'imposa d'elle-même à l'attention des intéressés.

Dans les usines hâtivement aménagées, pas toujours pourvues des moyens de sécurité désirables, les accidents devaient être relativement fréquents, surtout chez des hommes soumis à un surmenage très intense. Il devint nécessaire de fixer les droits et les obligations de chacun, patron et ouvriers, en déterminant les conditions du règlement de ces accidents.

En l'absence d'aucun texte législatif il appartenait au Ministre de la Guerre de poser les bases d'une réglementation, et c'est ce qu'il fit, sous réserve de l'appréciation des tribunaux par une circulaire du 25 juin 1915 (*B.-O., Ministère de la Guerre*, 1915, p. 406).

Dès le titre il en déterminait l'objet : « Régler la situation au point de vue des accidents du travail, des ouvriers employés dans les établissements militaires ou mis à la disposition des industriels en vue d'assurer la marche des services et la continuité des fabrications du matériel de toute nature nécessaire à la défense nationale ».

Les établissements militaires étaient connus, il suffisait de les mentionner. Pour les industriels une précision était indispensable. La circulaire n'entendait nullement fixer la situation au point de vue des accidents de tous les hommes demeurés ou ramenés en arrière pour la marche de n'importe quel service ; elle envisageait uniquement celle des mobilisés mis à la disposition des industriels concourant à la fabrication du matériel de guerre. Cette indication avait le double avantage de n'être pas assez restrictive pour permettre d'écarter du bénéfice de la circulaire les hommes qui, manipulant les matières premières, par exemple, ne concouraient pas immédiatement à la fabrication des canons ou des munitions et, d'autre part, de bien spécifier qu'elle ne visait pas les hommes en sursis d'appel dans les différentes administrations ou encore ceux employés à certains travaux jugés indispensables, tels que les travaux agricoles.

La circulaire du 25 juin 1915 envisageait deux grandes catégories d'ouvriers employés à la fabrication du matériel de guerre.

La première catégorie comprenait :

1° Les ouvriers maintenus en sursis d'appel ;

2° Les hommes requis ;

3° Ceux renvoyés purement et simplement dans leurs foyers.

Considérant que la situation juridique des hommes de cette catégorie n'avait pas été modifiée par la guerre, il fut admis que leurs employeurs demeureraient responsables dans les conditions de la loi du 9 avril 1898.

Plus tard, par une circulaire du 4 juillet 1915, l'Administration de la guerre voulant uniformiser la situation de tous les ouvriers mobilisés en usine, décida que par une sorte de fiction, les militaires en sursis d'appel seraient considérés comme ayant reçu préalablement une affectation à un corps de troupe, l'auraient rejoint et en auraient été aussitôt détachés.

Elle tentait ainsi de les soustraire à l'application pure et simple de la loi du 9 avril 1898 pour les placer sous le régime spécial des ouvriers détachés, c'est-à-dire celui du § B de la circulaire du 25 juin. Nous examinerons plus loin la valeur de cette disposition.

La deuxième catégorie comprenait :

« Les ouvriers détachés temporairement des dépôts ou des formations dans les établissements de la guerre ou les usines privées ».

En tête des dispositions qui devaient les régir, l'administration de la guerre posa nettement en principe qu'ils étaient des militaires, et pour que cette affirmation ne laissa place à aucun doute, elle spécifia qu'ils étaient des militaires au même titre que leurs camarades des unités combattantes.

D'un principe aussi catégoriquement établi il était facile de tirer une conclusion tout aussi ferme pour le règlement des accidents du travail dont ce personnel pouvait être victime. Les hommes dont il s'agit étaient des militaires envoyés dans les usines en service commandé, ils accomplissaient un travail industriel par ordre comme ils auraient fait une corvée dans l'intérieur de la caserne, monté la garde ou seraient partis à l'assaut d'une position ennemie. Dans ces conditions il aurait été difficile d'admettre qu'un autre que l'État fût responsable envers eux des accidents qui pourraient leur survenir.

Et puisqu'ils n'avaient pas cessé un instant d'être des militaires, la seule législation qui put leur être appliquée en cette matière, était celle qui règle les pensions militaires et gratifications de réforme (Loi du 11 avril 1831, décret des 13 février 1906-24 mars 1915).

Mais il parut tout de même excessif de faire supporter à l'État la charge pécuniaire des indemnités ainsi allouées, alors que les industriels allaient retirer des marchés passés avec l'administration, des bénéfices parfois considérables.

Il parut équitable d'exiger d'eux le remboursement des sommes qui en quelque sorte n'étaient qu'avancées par le Trésor public.

L'administration décida donc que ce remboursement serait effectué, mais, par une disposition qui étonne au premier abord, elle le limita aux indemnités qui auraient été allouées à un ouvrier de la même spécialité dégagé de toutes obligations militaires, dans les conditions ordinaires de la législation sur les accidents du travail.

Si donc le chiffre de la pension militaire accordée par l'État excédait celui de la rente concédée dans le cas d'une application pure et simple de la loi du 9 avril 1898, l'industriel n'était tenu que dans les limites de cette loi, et le complément de la pension devait rester à la charge de l'État.

Mais il pouvait se faire que les sommes allouées par la loi de 1898 et dont l'employeur était intégralement tenu envers l'État, soient supérieures au taux de la pension militaire à laquelle seule, ne l'oublions pas, le blessé pouvait prétendre. Il aurait été choquant dans ce cas de voir l'État retirer un profit de la blessure de l'ouvrier militaire.

C'est pourquoi la circulaire du 25 juin décide qu'à titre tout à fait exceptionnel et en raison de la nature industrielle du travail, la victime aurait une option entre les indemnités de la loi du 9 avril 1898 et celles qu'elle recevrait en vertu de la législation sur les pensions militaires.

Lorsque l'accident entraînait la mort de la victime, ses ayants droit devaient bénéficier de la même option.

De plus, et toujours à titre exceptionnel, lorsque l'incapacité de travail était inférieure à 10 0/0 et, par suite, ne donnait pas droit à une gratification de réforme, l'indemnité devait être calculée sur les bases de la loi du 9 avril 1898.

L'ouvrier mobilisé devait être soigné dans l'hôpital militaire ou le corps de troupe le plus rapproché de l'établissement industriel auquel il avait été affecté. C'était là une application très logique du principe posé en tête du § B de la circulaire. Toutefois, une dérogation à ce principe fut admise en faveur des industriels qui posséderaient un établissement sanitaire bien aménagé où les blessés pourraient recevoir tous les soins nécessaires, et même subir certaines opérations. Les autorisations devaient être accordées après enquête par le directeur du service de santé de la région.

Il ne faut chercher d'autre raison à cette dérogation, que le souci d'éviter l'encombrement des hôpitaux militaires qui doivent autant que possible être réservés aux combattants évacués des armées.

Pour le même motif qui avait fait mettre les indemnités allouées aux victimes d'accidents à la charge des industriels, ceux-ci devaient rembourser à l'État les frais de traitement de leurs ouvriers soignés dans les hôpitaux militaires.

En outre, il parut équitable de leur faire supporter les allocations égales à celles attribuées par application de la loi du 5 août 1914 aux familles nécessiteuses des militaires aux armées et accordées à l'ouvrier mobilisé pendant la durée de son incapacité, sur l'attestation du préfet qu'il ne perçoit pas déjà les allocations au titre de la loi précitée et un certificat du maire constatant l'existence de son conjoint et de ses enfants.

Ces allocations représentaient, en quelque sorte, l'équivalent du demi-salaire que l'entrepreneur aurait été tenu de payer à la victime par application de l'article 3 de la loi du 9 avril 1898 si elle n'avait pas conservé sa qualité de militaire.

En considération de toutes ces charges, l'industriel avait

le droit de faire visiter la victime une fois par mois par un médecin de son choix. Cette disposition imitée de l'article 4 de la loi du 9 avril 1898 restreignait toutefois considérablement le droit de contrôle du patron qui, sous le régime de l'article précité, peut être exercé hebdomadairement.

Pour certains cas particuliers, la réunion d'une commission mixte composée d'un médecin militaire et d'un médecin choisi par le chef d'entreprise, départagés au cas de besoin par un médecin que désignait l'administration de la guerre était envisagée.

Les rentes déterminées dans les conditions sus-indiquées ne devenaient définitives, par analogie avec les dispositions de l'article 19 de la loi du 9 avril 1898, qu'à l'expiration d'un délai de révision fixé à trois ans.

Enfin, il n'y avait pas lieu de faire à la mairie la déclaration d'accident prescrite par la loi de 1898, cette déclaration devant être remplacée par un avis adressé sensiblement en la même forme au commandant du dépôt auquel appartenait l'intéressé.

Nous venons de passer en revue les dispositions essentielles de la circulaire du 25 juin 1915. Les autres alinéas ne visent que les opérations de reversement au Trésor des sommes dues à l'État par les industriels en remboursement de ses avances. Nous ne nous y attarderons pas, il suffira en cas de besoin de se reporter au texte même de la circulaire.

Quel accueil firent à cette circulaire les tribunaux appelés à connaître d'accidents du travail survenus à des ouvriers mobilisés ?

Disons de suite, que d'une façon générale, ils se refusèrent à en appliquer les dispositions, tout au moins en ce qui concerne les militaires détachés de leurs corps.

Déjà les juges de paix de Saint-Etienne, de Firminy et de Boulogne-sur-Seine s'étaient prononcés pour l'application pure et simple à ce personnel, de la loi du 9 avril 1898 et leurs décisions n'allaient pas tarder à recevoir l'approbation des tribunaux supérieurs.

Il ne sera peut-être pas inutile de rechercher ici les raisons qui ont pu déterminer cette hésitation de la jurisprudence à s'engager dans les voies tracées par l'administration de la guerre.

En ce qui concerne les ouvriers visés au § A, sauf toutefois pour les ouvriers requis dont nous étudions par ailleurs plus en détail la situation (v. ouvriers requis) les solutions adoptées par la circulaire du 25 juin paraissent judicieuses.

Elles ne font pas de doute pour les ouvriers renvoyés purement et simplement dans leurs foyers, qui demeurent libres de contracter à leur convenance avec tel ou tel patron, libres de choisir l'emploi qui leur plaît, libres même de ne se livrer à aucun travail.

Il doit en être de même des ouvriers en sursis d'appel. Comme l'indique leur appellation, ces hommes n'ont pas encore été mobilisés ; ils sont maintenus dans la vie civile pour un temps plus ou moins long, ils occupent le même emploi qu'avant la guerre, ils touchent le même salaire en exécution du contrat de travail précédemment conclu avec leurs employeurs habituels. Leur situation au cas d'accident du travail ne pouvait, semble-t-il, donner lieu à aucune discussion. Ils devaient être indemnisés dans les conditions de la loi du 9 avril 1898.

Les dispositions de la circulaire du 4 juillet 1915 sur l'assimilation des hommes en sursis d'appel aux ouvriers détachés, paraissent moins heureuses.

Leur situation juridique n'est pas modifiée, disait le premier texte, et, en conséquence, leurs employeurs demeurent responsables en vertu du contrat de travail dans les conditions de la loi du 9 avril 1898.

Et voici que tout à coup on vient dire à ces hommes, au moyen d'une fiction peut-être ingénieuse, mais qui n'en reste pas moins une fiction : Vous êtes censés avoir effectivement rejoint le corps d'affectation dont vous avez été détachés ; nous vous considérons désormais comme des militaires ; vos rapports avec vos employeurs sont du même coup modifiés, et seule la législation sur les pensions militaires peut vous être appliquée au cas d'accidents.

Comment les tribunaux auraient-ils accepté que par l'effet d'une simple décision de l'administration, reposant, ne l'oublions pas, sur une fiction, toute une situation juridique soit ainsi bouleversée ?

Une pareille thèse était difficile à soutenir. De toute évidence le contrat de travail précédemment conclu et que rien n'avait rompu devait continuer à sortir tous ses effets entre les parties en cause, et les dispositions de la circulaire du 4 juillet 1915, visant la situation des ouvriers en sursis d'appel, devaient être inopérantes. C'est cette dernière théorie qui fut implicitement admise par le législateur lors du vote de la loi du 17 août 1915.

Mais de toutes les solutions présentées par la circulaire du 25 juin 1915, celles du § B visant la situation des ouvriers détachés ont été les plus ardemment discutées. Et on conçoit assez volontiers que les tribunaux se soient refusés à les sanctionner par leurs jugements.

Cependant l'administration de la guerre, prise d'une part entre le souci de conserver à ses mobilisés de l'usine leur qualité de militaires et d'autre part la nécessité de certaines concessions dans l'intérêt même de la production, n'aurait pu édicter des dispositions plus nettes.

Elle avait bien posé, en principe, que les ouvriers détachés étaient des militaires au même titre que leurs camarades des unités combattantes, et elle continuait à les traiter en militaires. Travaillant dans une usine déterminée en vertu d'ordres reçus, ils demeuraient à la disposition de l'autorité militaire qui pouvait les rappeler d'un moment à l'autre, les affecter à une autre usine, ou même les réincorporer. On les considérait, en somme, comme des soldats qui en raison de leurs aptitudes spéciales avaient reçu une affectation particulière. Spécialistes de l'industrie il était aussi logique de les affecter aux travaux de leur profession, que de verser les jockeys dans la cavalerie.

Ils n'étaient pas consultés sur le choix de leur patron, ils n'avaient passé avec lui aucun contrat et le salaire qu'ils recevaient ne leur était alloué que pour certaines commodités d'organisation. Ils n'étaient d'ailleurs pas appelés à discuter ce salaire, et en cas de contestation ils n'étaient pas libres de quitter l'usine pour aller s'embaucher ailleurs.

La situation était nette, il aurait fallu en tirer rigoureusement toutes les conclusions logiques qu'elle comportait.

On ne pouvait soutenir sérieusement l'existence d'un contrat de travail entre l'employeur et les ouvriers mobilisés mis à sa disposition ; il n'était donc pas possible de considérer ces derniers comme assujettis à la loi du 9 avril 1898, et seul l'État devait assurer la réparation des accidents qui pourraient leur survenir au cours du travail.

La législation sur les pensions militaires devait seule leur être appliquée, et les intéressés ne devaient pouvoir réclamer le bénéfice d'aucune autre disposition.

A notre avis, l'administration de la guerre aurait dû s'en tenir strictement à cette décision. Malheureusement, les circonstances l'obligèrent à surcharger aussitôt l'application du principe posé, de dispositions bigarrées empruntées à des textes absolument différents.

C'est ainsi qu'elle adopta certaines modalités en raison de la nature industrielle du travail, comme si la nature de la tâche effectuée par un militaire pouvait modifier sa situation et ses droits.

Accorde-t-on des indemnités particulières au soldat conducteur, victime d'un accident de voiture en effectuant des transports, ou au sapeur du génie blessé au cours de travaux de terrassements, sous le prétexte que dans le droit commun les travaux qu'ils exécutent sont indemnisés par les employeurs dans les conditions de la loi du 9 avril 1898 ?

On nous répondra que cette décision n'était prise que parce qu'il répugnait à l'Etat de spéculer sur les blessures de ses militaires. Recevant des employeurs les sommes auxquelles ils seraient tenus, par application de la législation ouvrière, il ne voulait pas conserver par devers lui la différence entre ces sommes et la pension militaire concédée, au cas où le taux de cette dernière serait inférieur aux indemnités de la loi du 9 avril 1898.

Nous devons reconnaître que cette raison basée sur l'équité n'est pas sans valeur. Peut-être pourrait-on discuter le point de savoir si l'administration a le droit de disposer des deniers publics pour majorer au profit d'une certaine catégorie de militaires le taux des pensions fixées par le législateur pour tous les militaires, mais nous considérerons ce droit comme acquis, admettant qu'il peut s'exercer sous la forme d'un secours à titre gracieux.

On peut s'étonner toutefois que le remboursement, mis à la charge des employeurs, ait été limité aux indemnités prévues par la législation à laquelle les assujettit leur profession, au lieu de comprendre exactement les sommes déboursées par l'Etat pour le paiement des pensions militaires.

On peut se demander pourquoi l'on ne s'est pas contenté d'appliquer tout simplement les dispositions de la dépêche ministérielle du 24 novembre 1914, rappelées précisément dans le texte de la circulaire du 25 juin et spécifiant « que l'Etat ne mettait les ouvriers mobilisés à la disposition des chefs d'entreprise, qu'à la condition que ces derniers supporteraient la charge pécuniaire des indemnités allouées en cas d'accident ».

Ces dispositions étaient nettes et ne prévoyaient aucune restriction au principe du remboursement. Les employeurs devaient les indemnités allouées par l'Etat, c'est-à-dire qu'ils étaient tenus de rembourser intégralement les pensions militaires accordées à leurs ouvriers blessés.

Quelle était d'ailleurs la valeur des dispositions concernant ce remboursement ? Elles ne pouvaient tirer leur force que de la convention, car il ne serait pas possible, semble-t-il, de sortir de ce dilemme : ou bien les conditions du travail comportaient l'assujettissement à la loi sur les accidents et alors il n'était pas loisible aux intéressés d'échapper même par voie contractuelle à l'application des règles qu'elle édicte, les ouvriers recevant obligatoirement de leurs employeurs les indemnités forfaitaires par elle déterminées, ou bien la législation sur la pension militaire était seule applicable, et alors le remboursement était dû en vertu d'une convention passée entre l'Etat et ses fournisseurs auxquels il aurait dû dire logiquement.

Je consens à mettre la main-d'œuvre militaire à votre disposition pour vous faciliter l'exécution de mes commandes, mais il est bien entendu que vous supporterez la charge de la réparation des accidents survenus dans vos usines et sous votre surveillance exclusive.

Nous n'ignorons pas les raisons qui ont décidé le Ministre de la Guerre à édicter les exceptions au principe posé en tête de sa circulaire. Il a voulu éviter que l'élan de la production soit retardé par les hésitations des industriels à accepter des charges nouvelles et toujours aléatoires.

Dans leurs marchés, pour l'établissement de leurs prix de vente, ils pouvaient en toute connaissance de cause faire état des risques courus par l'application de la législation ouvrière de droit commun à leurs travailleurs civils, mais sur quelles bases les auraient-ils établis avec le système du remboursement des pensions militaires ? L'indemnisation à ce dernier taux serait toujours demeuré l'inconnue, puisque la pension aurait été calculée, non plus d'après les données forfaitaires de la loi du 9 avril 1898, mais sur le grade de la victime.

L'on aurait abouti, avec ce système, à des situations très délicates. A égalité d'incapacité de travail, l'employeur aurait dû payer à un sergent employé comme manœuvre une rente plus élevée que celle attribuée à un excellent spécialiste non gradé. Il était à craindre que les industriels n'y regardent à deux fois avant d'assumer des responsabilités indépendantes de la valeur professionnelle de l'intéressé et du travail fourni. Leurs hésitations à accepter les marchés dans ces conditions auraient certainement nui à l'intensité de la production.

Encore peut-on dire que les industriels se seraient assez facilement accommodés des nouveaux risques, en raison de l'importance des commandes et avec d'autant plus de facilité, qu'ils avaient à peu près tous passé des contrats d'assurances et qu'en définitive leurs charges ne seraient pas plus élevées.

Mais les compagnies d'assurances auraient plus difficilement accepté les charges nouvelles qui bouleversaient tous leurs calculs et ne pouvaient s'harmoniser avec leurs tarifs. Leur refus presque unanime de régler, même dans les conditions de la loi du 9 avril 1898, les accidents survenus aux ouvriers mobilisés, montre qu'à plus forte raison elles auraient sur ce point énergiquement défendu leurs intérêts, et il faut le dire, leurs droits.

Par les contrats passés avec leurs assurés, elles s'étaient bien engagées à prendre la place de ces derniers pour régler dans des conditions nettement définies, par la législation ou vrière, les accidents survenus au personnel civil des usines, mais elles n'avaient jamais entendu devoir se substituer à eux pour le paiement des indemnités auxquelles ils s'engageraient par des conventions particulières.

Pour toutes ces raisons d'ailleurs très sérieuses, l'administration de la guerre fut obligée d'apporter certains tempéraments à l'application des principes qu'elle avait posés. Elle voulut laisser les industriels en présence de risques connus et dans la même situation que s'ils n'avaient occupé que des ouvriers civils.

Et c'est ainsi qu'elle édicta toute la série des combinaisons très ingénieuses examinées ci-dessus, qui eurent malheureusement le tort de compliquer là circulaire au point de la rendre inapplicable.

N'y avait-il pas cependant à sa disposition d'autres solutions plus simples qui auraient, semble-t-il, résolu toutes les difficultés ?

Nous pensons que l'on aurait pu, sans aucun inconvénient, considérer les ouvriers détachés de leur corps pour être mis à la disposition des industriels, fabriquant du matériel de guerre, comme des militaires en sursis d'appel dans les conditions de l'article 42 de la loi du 21 mars 1905.

Dans cette situation, ils seraient redevenus des ouvriers civils et auraient été en conséquence régis par l'ensemble de la législation sociale et ouvrière, au même titre que leurs camarades dégagés d'obligations militaires.

Cette solution eut été la plus logique de toutes, car en somme, on ne voit pas la raison d'une différence entre la situation des hommes autorisés à ne pas rejoindre immédiatement leur corps d'affectation pour assurer la marche de certains services et celle des hommes renvoyés de leurs unités dans le même but après avoir été mobilisés.

On objectera peut-être que l'administration militaire, en rendant ces hommes à la vie civile, aurait perdu sur eux toute autorité et n'aurait pu tirer de leurs capacités tout le rendement qu'elles pouvaient donner.

Mais il ne faut pas oublier que les hommes autorisés à ne pas rejoindre avant un délai déterminé leur corps d'affectation sont aux termes du § 6 de l'article 42 de la loi du

25 mars 1905 soumis, dès la publication de l'ordre de mobilisation à la juridiction des tribunaux militaires, par application de l'art. 57 du Code de justice militaire, et qu'ils demeurent à la disposition du Ministre de la Guerre qui peut toujours, quand il le juge à propos, retirer le sursis accordé et rappeler l'intéressé sous les drapeaux.

D'ailleurs, si elle ne voulait pas aller aussi loin, l'administration de la guerre disposait d'un autre moyen qui n'aurait nécessité de sa part qu'une minime concession de principe, acquise en fait depuis longtemps.

Puisque les ouvriers mobilisés recevaient de leurs employeurs un salaire normal, puisque dans l'usine ils travaillaient sous l'autorité exclusive de ces derniers et la surveillance de leurs agents, puisque les patrons demeuraient seuls tenus en définitive de l'indemnisation des accidents dans les conditions de la loi du 9 avril 1898, pourquoi l'administration n'aurait-elle pas décidé que pour tout ce qui regardait le travail en usine et les conséquences du travail, les ouvriers seraient considérés comme des travailleurs civils et placés sous le régime du contrat de louage d'ouvrage ?

Il aurait été bien entendu qu'en dehors de l'usine ces hommes seraient demeurés des soldats soumis à toute la rigueur des règlements militaires.

On eut ainsi évité les multiples difficultés d'application de la circulaire du 25 juin 1915 et toutes ses dispositions compliquées empruntées à des textes absolument différents.

On eut, surtout de cette façon, donné aux solutions adoptées les assises solides d'une loi étayée par les nombreuses décisions d'une jurisprudence avisée et mûrement réfléchie, au lieu de les baser sur une réglementation discutable et fraîchement établie.

Nous en avons fini avec l'étude de la circulaire du 25 juin 1915. Nous avons cru devoir nous étendre aussi longuement sur ce texte et l'étudier en détail, à raison des discussions qu'elle a soulevées et surtout des difficultés auxquelles peut encore donner lieu son application pour le règlement des accidents du travail survenus antérieurement au 17 août 1915 aux ouvriers détachés en usine.

Nous allons examiner maintenant la situation des ouvriers mobilisés détachés dans les établissements de la Défense nationale, telle qu'elle est actuellement déterminée par les textes et la jurisprudence.

Situation actuelle des ouvriers mobilisés.

Cette étude nous amène à envisager successivement les diverses catégories de travailleurs employés dans les usines de guerre.

Les uns sont dégagés de toutes obligations militaires, nous n'avons pas à nous en occuper, puisqu'ils sont embauchés au titre purement civil, et régis comme en temps de paix par la législation applicable à leur contrat de travail.

D'autres sont des ouvriers requis dont nous étudions plus particulièrement la situation au chapitre IV.

D'autres encore sont des hommes renvoyés purement et simplement dans leurs foyers. Ainsi que nous l'avons déjà indiqué, ils sont redevenus civils au même titre que leurs camarades dégagés de toutes obligations militaires et doivent être traités dans les mêmes conditions que ces derniers, c'est-à-dire recevoir directement de leurs patrons, au cas d'accident, du travail les indemnités prévues par la loi du 9 avril 1898.

Les mêmes dispositions doivent être appliquées aux ouvriers autorisés à ne pas rejoindre immédiatement en vertu de l'article 42 de la loi du 21 mars 1905 et qui continuent l'exécution de leur contrat de travail sans que la mobilisation ou la réglementation ultérieure puisse, ainsi que nous l'avons vu ci-dessus, modifier à cet égard leur situation.

En ce qui concerne l'indemnisation des accidents dont sont victimes les ouvriers détachés de leur corps après avoir été appelés sous les drapeaux à la mobilisation nous devrons distinguer suivant que l'accident est survenu avant le 25 juin 1915, depuis ce jour jusqu'au vote de la loi du 17 août 1915 ou postérieurement à ce vote.

a) *Règlement des accidents survenus antérieurement au 25 juin 1915.*

C'est la période qui précède la mise en vigueur de la circulaire du Ministre de la Guerre. Aucun texte législatif ni réglementaire n'avait encore défini la situation des militaires détachés en usine, mais les tribunaux saisis du règlement d'accidents du travail survenus à ce personnel se sont nettement prononcés pour l'application de la loi du 9 avril 1898.

Nous avons déjà cité les décisions des juges de paix de Saint-Étienne (30 juin et 5 août 1915), Firminy (15 juillet 1915), Boulogne-sur-Seine (13 août 1915).

Le 26 mai 1915 le tribunal de paix de Montluçon s'était prononcé en ce même sens au sujet du règlement des indemnités dues pour incapacité temporaire au soldat L... qui, d'abord mobilisé au 5ᵉ génie avait été mis à la disposition des Forges de Chatillon-Commentry et Neuves-Maisons où il avait été victime d'un accident au cours de son travail le 1ᵉʳ février 1915.

La compagnie paya l'indemnité journalière prévue par l'article 3 de la loi du 9 avril 1898 jusqu'au 11 mars, puis elle refusa de la payer à partir de cette époque, soutenant que L..., soldat blessé en service commandé, ne pouvait se réclamer que de la loi du 11 avril 1831, et que par voie de conséquence, la loi du 9 avril 1898 ne lui était pas applicable. Et elle conclut à l'incompétence du juge saisi de la demande.

Mais celui-ci considéra que la législation sur les accidents du travail était générale, et devait s'appliquer à tous les industriels ; que la victime était rétribuée par la compagnie des Forges de Chatillon-Commentry et de Neuves-Maisons et non par l'État, qu'elle était pendant son travail sous les ordres exclusifs des ingénieurs et des contremaîtres de l'entreprise ; et que dans ces conditions il était logique de penser que l'Etat avait mis à la disposition de la compagnie, L... et tous les ouvriers dont elle avait besoin, sans modifier le régime de droit commun qui est actuellement celui de la loi du 9 avril 1898.

En conséquence il se déclara compétent et condamna la compagnie à payer à l'ouvrier mobilisé L... les indemnités journalières qui lui étaient dues par application de la loi précitée.

La société défenderesse fit appel de cette décision en s'appuyant cette fois sur la circulaire du 25 juin 1915 qui venait d'être édictée. Mais le tribunal civil de Montluçon refusa d'en appliquer les dispositions, postérieures d'un mois à la décision du premier juge qu'il confirma purement et simplement par un jugement en date du 24 août 1915 (*La loi*, n^{os} des 25-26 février 1916).

Cependant, sur les entrefaites le tribunal civil de Nevers avait, dans une espèce analogue, décidé par un jugement en date du 19 juillet 1915 (*Gazette des Tribunaux*, 6 août 1915, *Le Droit*, 5 août 1915, *Recueil Gaz. trib.*, 1915, 2, 142, D. P., 1915, 2, 16), que les ayants droit de l'ouvrier mobilisé T... victime, le 28 juin 1915, d'un accident mortel au cours de son travail à la société Magnard et Cie, où il était détaché ne pouvaient se réclamer de la loi du 9 avril 1898. Et il basait son jugement notamment sur une entente intervenue entre le Ministre du Travail et le Ministre de la Guerre et consignée dans la circulaire du 25 juin 1915, rédigée de concert entre les deux ministres.

Mais cette décision est restée la seule en ce sens; et toutes celles qui sont intervenues dans la suite sur le même objet, se sont prononcées pour l'application de la législation sur les accidents du travail aux ouvriers mobilisés des usines.

C'est ainsi qu'un jugement du tribunal civil de Besançon, en date du 28 mars 1915 (*Gazette des tribunaux*, jeudi 8 juin 1916), a repris et développé avec force les motifs des juges de Montluçon.

Le nommé C... du 4° d'artillerie de campagne, détaché en qualité d'ouvrier tourneur dans les ateliers de construction mécanique des frères Douge à Montrepon, a été victime, le 25 février 1915, au cours de son travail d'un accident qui réduisait d'une façon permanente sa capacité professionnelle.

Les juges se demandent si C... en travaillant chez les défendeurs avait la qualité d'un ouvrier bénéficiaire de la loi de 1898 ou celle d'un militaire accomplissant un service commandé et n'ayant, par conséquent, au cas d'accident qu'un recours contre l'État.

Ils estiment que la situation du demandeur est suffisamment définie à l'égard tant de ses patrons que de l'autorité militaire, puisque l'ordre du 6 février 1915 qui le mettait à la disposition des frères Douge réservait à ceux-ci la faculté de refuser son embauchage et même de le renvoyer de l'usine après l'avoir employé et déclarait, en outre, que l'ouvrier devrait pourvoir sur son salaire à sa nourriture et à son couchage, et serait dispensé de toute obligation militaire.

Ils considèrent, d'autre part, que C... était, en tant qu'ouvrier, placé au même titre et dans les mêmes conditions que ses camarades non mobilisés sous la surveillance et l'autorité de ses patrons qui seuls pouvaient l'assujettir à l'observation des règlements de l'usine et exerce sur lui les devoirs de surveillance protectrice dont la loi de 1898 est la sanction.

Enfin, dit le tribunal, les patrons ne sont aucunement tenus de subir la présence dans leurs ateliers d'un ouvrier qui leur est concédé et non pas imposé ; d'ailleurs à l'époque où C... est entré à l'atelier, ils étaient tenus de solliciter de l'autorité militaire par une demande expresse et nominale, le prêt des ouvriers qu'ils voulaient employer et qui, en fait, avaient d'avance accepté, sinon provoqué cette affectation.

Dès lors, ajoute-t-il, aucune raison ne permet de soustraire les patrons à l'application de la règle générale de la loi de 1898 qui est la contre-partie nécessaire de leur autorité sur l'ouvrier qu'ils emploient. En conséquence l'action de C... était déclarée recevable.

On ne peut trouver un exposé plus net et plus complet de la question qui nous occupe, aussi ne semble-t-il y avoir désormais aucun doute en ce qui concerne le règlement des accidents survenus antérieurement au 25 juin 1915 aux ouvriers mobilisés détachés en usine.

Ils doivent recevoir de leurs employeurs les indemnités prévues par la loi du 9 avril 1898, sans qu'il y ait lieu de distinguer si la victime était employée dans une usine privée ou un établissement militaire.

La situation des ouvriers mobilisés victimes d'accidents du travail, pendant la période où la circulaire du 25 juin 1915, est restée en vigueur et pouvait sortir certains effets, c'est-à-dire jusqu'au 17 août 1915 présente davantage de difficultés.

b) *Règlement des accidents survenus du 25 juin au 17 août 1915.*

Les décisions des tribunaux de Montluçon et de Besançon que nous venons d'examiner ne visaient que des accidents survenus antérieurement à toute réglementation, mais il est évident que les principes qu'ils ont posés peuvent tout aussi bien s'appliquer aux accidents survenus à des ouvriers détachés en usine, pendant la période de mise en vigueur de la circulaire du 25 juin 1915.

D'ailleurs, le tribunal de la Seine 1re chambre, 3e section, a le 8 février 1916 rendu un jugement (*Gazette des tribunaux*, 31 mars 1915) appliquant purement et simplement la loi du 9 avril 1898 pour le règlement d'un accident survenu le 29 juillet 1915, c'est-à-dire antérieurement au vote de la loi Dalbiez.

En raison de l'accident dont il avait été victime à cette date, l'ouvrier mobilisé T... réclamait à la compagnie l'« Abeille » une rente annuelle et viagère.

La compagnie soutint que cette demande était irrecevable parce que T..., ouvrier mobilisé mis à la disposition d'une usine privée travaillant pour l'Etat ne pouvait réclamer qu'à l'Etat les indemnités auxquelles il avait droit en vertu de la loi du 11 avril 1831 et des décrets des 13 février 1906 et 24 mars 1915.

Mais le tribunal refusa de se ranger à cette manière de voir.

Bien que considérés comme mobilisés, mais en sursis d'appel et relevant disciplinairement en dehors du travail industriel de l'autorité militaire, les ouvriers, mis à la disposition des industries privées travaillant pour l'Etat, sont, dit-il, exclusivement soumis en ce qui concerne le travail industriel, à la discipline de l'atelier, telle qu'elle est fixée par les règlements ordinaires et assurée par les sanctions propres à ces règlements.

D'autre part, l'Etat, dans la circonstance, est non pas un patron, mais un véritable acheteur. Le chef d'entreprise est susceptible de réaliser des bénéfices sur l'exécution des commandes qui lui sont confiées, il ne peut donc invoquer aucune circonstance qui l'exonère de la responsabilité des accidents qui se produisent dans l'entreprise dont il conserve la direction et la surveillance.

En conséquence, le tribunal jugea que seule la loi du 9 avril 1898 doit s'appliquer aux accidents dont peuvent être victimes dans leur travail les ouvriers mobilisés, mis par l'Etat à la disposition des industries privées travaillant pour la défense nationale.

Il n'existe, à notre connaissance, aucune décision en sens contraire de celle-ci et on ne voit pas très bien, d'ailleurs, sur quels arguments juridiques elle se serait appuyée. Le tribunal de Nevers, dans son jugement précité, s'est contenté de faire application de la circulaire du 25 juin 1915, mais les autres tribunaux, nous l'avons vu, se sont précisément refusés à reconnaître à l'administration le droit de modifier, par des dispositions réglementaires, la situation des particuliers au regard de la loi du 9 avril 1898.

Ces solutions semblent devoir être approuvées sans restriction, elles sont d'ailleurs conformes à l'opinion des auteurs.

C'est ainsi que M. Sachet, dans son *Traité théorique et pratique de la législation sur les accidents du travail* (édition de 1909, tome I, p. 117), distingue nettement suivant les conditions dans lesquelles les militaires sont renvoyés ou admis dans les entreprises privées.

« Si, dit-il, leur séjour est imposé par mesure d'ordre public ou à raison des nécessités de la Défense nationale, une telle contrainte et l'absence de salaire sont exclusives de l'existence d'un contrat de louage d'ouvrage, alors même qu'ils se livreraient à des travaux utiles à l'exploitation ; par suite le risque professionnel est inapplicable. On ne comprendrait pas d'ailleurs qu'un patron pût être responsable d'ouvriers qu'il n'a pas librement choisis et qui, durant leurs travaux, restent sous la dépendance de chefs hiérarchiques, étrangers à son établissement (dans ce sens, tribunal de Vendôme, 16 février 1900. — S. 1901, 2, 224. D. 1901, 2, 85).

Jadé   3

La solution contraire devrait être adoptée, lorsque la collaboration des soldats, au lieu d'avoir été imposée à un patron, a été sollicitée par lui dans l'intérêt et pour le service de son entreprise, par exemple pour suppléer à une insuffisance momentanée du nombre des ouvriers ou pour faire des travaux présentant un caractère d'urgence extrême. En pareil cas, tous les éléments du contrat de louage d'ouvrage se trouvent réunis : l'accord des parties, le salaire, la subordination au chef d'entreprise. »

Il n'y a aucun doute sur la réunion de ces trois éléments dans le cas des accidents qui nous occupent.

Au début des hostilités les hommes rappelés du front pour être mis à la disposition des entrepreneurs travaillant pour l'Etat étaient réclamés nominativement par ceux-ci pour être replacés dans leur situation d'avant la guerre. Ils acceptaient, au moins tacitement, ce rappel, et dans la généralité des cas le provoquaient eux-mêmes.

Plus tard ils furent, il est vrai, affectés sans être consultés, à un établissement quelconque mais il ne serait pas possible d'admettre le patron à invoquer cet envoi d'office pour se refuser au paiement des indemnités de la loi du 9 avril 1898. L'ouvrier, en effet, ne lui a pas été imposé. Il a toujours été libre de l'accepter ou de refuser son concours quand il lui a été proposé par l'autorité militaire, et il peut même le remettre à la disposition de cette dernière si au cours de l'exécution du contrat il estime que l'homme ne donne pas satisfaction.

Le deuxième élément, paiement d'un salaire, est également une condition essentielle de l'assujettissement à la législation sur les accidents du travail, il est bien évident, par conséquent, que celle-ci ne pourrait être appliquée aux militaires qui seraient simplement détachés en corvée dans un établissement industriel et qui continueraient à percevoir leur solde militaire.

Enfin, la subordination au chef d'entreprise ne peut être mise en doute ; l'ouvrier n'accomplit pas sa besogne sous les ordres de ses chefs militaires, qui n'interviennent en rien dans l'organisation du travail en usine ; seul le patron élabore ses règlements d'atelier, et seuls ses préposés ont qualité pour en surveiller l'exécution.

Les auteurs et les tribunaux étant d'accord sur la solution à apporter au règlement des accidents du travail survenus dans la période du 25 juin au 17 août 1915 aux ouvriers mobilisés détachés en usine, nous croyons pouvoir affirmer que la jurisprudence est sur ce point définitivement fixée.

Les patrons seront donc seuls responsables, dans les conditions de la loi du 9 avril 1898, vis-à-vis des ouvriers mobilisés salariés mis à leur disposition par l'autorité militaire.

Les dispositions contraires de la circulaire du 25 juin 1915 seront inopérantes, mais les ouvriers ne pourront-ils, dans certains cas, se prévaloir de celles qui leur créaient une situation plus avantageuse que le régime de la législation ouvrière ?

Nous avons vu plus haut, que la circulaire du 25 juin

prévoyait la concession par l'Etat d'un titre complémentaire, lorsque les indemnités de la loi du 9 avril 1898 à la charge de l'employeur étaient inférieures au taux de la pension militaire.

L'engagement ainsi pris par le ministre ne pourrait-il être utilement invoqué par les intéressés ?

Nous pensons que de cet engagement sont nés pour les victimes d'accidents des droits qui ne pourraient être sérieusement contestés, et que l'administration militaire ne semble d'ailleurs pas vouloir leur dénier.

Toutefois, la demande ne devra pas affecter la forme de l'option qui a été implicitement rejetée par les tribunaux.

L'ouvrier mobilisé blessé, qui voudra bénéficier des dispositions favorables de la circulaire du 25 juin, devra donc commencer par poursuivre contre son employeur le paiement des indemnités prévues par la loi du 9 avril 1898, puis il demandera à l'Etat de lui concéder le titre complémentaire destiné à porter sa rente au taux de la pension à laquelle il aurait eu droit s'il lui avait été fait application de la législation sur les pensions militaires.

L'absence de texte législatif réglant la situation des ouvriers mobilisés détachés dans les établissements de l'industrie travaillant pour la Défense nationale était, on le voit, la cause d'une foule de difficultés, et encore n'avons-nous examiné que celles qui se sont produites pour le règlement des accidents du travail.

Aussi l'intervention du législateur fut-elle favorablement

accueillie lors du vote de la loi du 17 août 1915. On peut faire à ce texte le reproche d'avoir manqué de netteté et de précision dans les détails, mais on doit tout de même reconnaître qu'il a facilité la solution des multiples problèmes soulevés au sujet du personnel mobilisé des usines.

Nous allons, dans le paragraphe suivant, étudier les dispositions de la loi précitée qui régissent actuellement les ouvriers militaires détachés dans l'industrie.

c) *Règlement des accidents survenus depuis le vote de la loi du 17 août 1915.*

Le règlement de la situation des ouvriers mobilisés dans les établissements de la Défense nationale trouvait tout naturellement sa place dans la loi du 17 août 1915, destinée à assurer la juste répartition et une meilleure utilisation des hommes mobilisés ou mobilisables (*Journal officiel* du 19 août 1915), aussi cette situation fit-elle l'objet des articles 6 et 7 de la loi.

L'article 7 prévoit seulement les poursuites et sanctions à exercer contre « ceux qui d'une manière quelconque auront trompé ou tenté de tromper l'autorité sur leur véritable qualité, profession ou aptitude et ainsi obtenu ou tenté d'obtenir, fait maintenir ou tenté de faire maintenir, soit leur mise en sursis d'appel, soit leur renvoi comme mobilisés dans un établissement militaire ou dans une usine ou entreprise privée travaillant pour l'armée », aussi nous ne nous attarderons pas à en examiner les dispositions.

Dans l'article 6, le législateur, inspiré par le souci d'obtenir la meilleure utilisation des hommes mobilisés et mobilisables, s'est surtout préoccupé des conditions que doit remplir un militaire pour être renvoyé ou maintenu dans une usine de la Défense nationale.

Nulle part il n'a tranché nettement la question de l'indemnisation des accidents du travail survenus aux ouvriers mobilisés. Nous devrons donc, pour aboutir à une conclusion à ce sujet, examiner en détail la situation qui découle pour ces hommes des dispositions de la loi.

L'article 6 reconnaît au ministre de la Guerre le droit d'affecter aux usines de guerre, non seulement les hommes appartenant à une classe mobilisée, mais encore ceux qui appartiennent à une classe seulement mobilisable et pas encore appelée (1).

Cette disposition, on le conçoit, n'est pas sans intérêt et dans bien des cas, l'autorité militaire pourra s'en prévaloir.

Elle s'en servira notamment contre les ouvriers appartenant à des classes mobilisables, mais pas encore appelées qui voudraient quitter l'établissement où ils travaillent à la fabrication du matériel de guerre pour aller s'embaucher ailleurs, bien que leur présence soit considérée comme indispensable. L'autorité militaire a là un moyen plus ra-

---

(1) Il est bien évident que seuls sont visés par ce texte les hommes des classes mobilisables non encore appelées qui sont soumis aux obligations militaires. Tel ne serait pas le cas des hommes réformés définitivement et contre lesquels l'administration ne pourrait exercer que le droit de réquisition.

dical que la réquisition dont elle peut user dans des cas analogues envers les ouvriers dégagés de toutes obligations militaires.

L'article 6 envisage l'affectation aux usines des hommes appartenant aux classes mobilisées et mobilisables, sans aucune restriction ; il n'y aurait donc pas lieu, comme certains l'ont soutenu, d'en limiter l'application aux classes des réserves à l'exclusion des militaires du service actif.

Puis il énumère les établissements dans lesquels pourront être détachés des militaires au titre de la loi. Ce sont les établissements (militaires ou privés), les usines (fabriques, manufactures, etc.), les exploitations (houillères, forestières) travaillant pour la Défense nationale. Nous préférons cette dernière désignation à celle de l'article 7 qui semble limiter les entreprises privées à celles travaillant pour les besoins de l'armée.

Il est pourtant évident que la situation d'un militaire détaché dans une usine en vue de la fabrication de certains objets indispensables à la vie économique du pays, doit être exactement la même que celle du soldat affecté à un établissement constructeur de pièces ou de munitions d'artillerie.

L'article 6 fait ensuite une énumération des hommes qui peuvent être affectés aux établissements travaillant pour la Défense nationale. Cette énumération doit être limitative. Ne pourront donc être détachés au titre de la loi du 17 août 1915 que les chefs d'industrie, directeurs, ingénieurs, chefs de fabrications, contremaîtres, ouvriers et manœuvres remplissant les conditions prévues par le texte, à l'exclusion des secrétaires, employés de bureau, etc., qui s'ils sont affectés à des usines de guerre ne pourront l'être qu'au titre purement militaire, continueront à toucher leur solde militaire et ne pourront, par suite, au cas d'accident se réclamer que de la loi du 11 avril 1831.

Enfin, la loi détermine la situation des hommes qui seront détachés en usine.

Ils demeurent, dit-elle, à la disposition du ministre de la Guerre et seront placés dans les conditions et soumis aux obligations prévues par les paragraphes 3 et 6 de l'article 42 de la loi du 21 mars 1905.

Doit-on déduire de cette disposition qu'il y a une identité absolue entre la situation juridique des militaires détachés en usine par application de l'article 6 de la loi du 17 août 1915 et des hommes autorisés à ne pas rejoindre en vertu de l'art. 42 de la loi du 21 mars 1905 ?

Sans hésitation nous répondrons affirmativement en ce qui concerne le personnel employé dans les établissements travaillant pour la Défense nationale, car nous ne pensons pas qu'il ait été dans l'intention du législateur d'établir une distinction dans la situation de ces hommes, suivant qu'ils ont été maintenus dans leur emploi du temps de paix ou y ont été détachés après avoir rejoint leur corps d'affectation.

S'il y avait quelque doute à cet égard, il suffirait de se reporter aux travaux préparatoires de la loi et de relire notamment le rapport précité de M. le sénateur Henri Chéron :

« Quelle sera, dit-il, au point de vue militaire la situation des hommes affectés aux établissements, usines et exploitations travaillant pour la Défense nationale? Ils seront, dit l'alinéa 8 de l'article 6, placés dans les conditions et soumis aux obligations prévues par les §§ 3 et 6 de l'article 42 de la loi du 21 mars 1905. C'est la position des hommes qui sont autorisés à ne rejoindre leur corps d'affectation que dans un délai déterminé par le ministre de la Guerre. Ils sont comme tous les hommes autorisés à ne pas rejoindre immédiatement, soumis néanmoins à la juridiction des tribunaux militaires. Ainsi, le texte s'inspire à la fois de l'affectation militaire et du sursis d'appel, prenant à la première sa stabilité et empruntant au second des dispositions assez souples pour respecter l'organisation et la discipline industrielles.

Dans l'usine, patrons et ouvriers se trouveront, au point de vue légal, dans la situation où ils sont dans la vie civile. Les accidents survenus par le fait du travail seront donc protégés par la loi du 9 avril 1898. Les chefs d'entreprise supporteront à cet égard leur habituelle responsabilité ».

L'article 7, il est vrai, semble établir une distinction entre les militaires détachés et les hommes en sursis d'appel, lorsqu'il envisage les sanctions qui devront être prises contre ceux qui auront « fait maintenir ou tenté de faire maintenir soit leur mise en sursis d'appel, soit leur renvoi comme mobilisés dans un établissement militaire ou dans une usine ou établissement privé travaillant pour l'armée ».

Mais si l'on examine ce texte de plus près, on s'aperçoit

vile qu'il vise deux situations de fait plutôt qu'il ne s'attache à distinguer deux situations juridiques.

A notre avis les hommes autorisés à ne pas rejoindre parce que employés dans les établissements énumérés à l'article 6 de la loi du 17 août 1915 sont soumis aux prescriptions particulières du dit article.

Celui-ci, en effet, tout en plaçant le personnel mobilisé des usines de la Défense nationale sous le régime de l'article 42, édicte à leur égard certaines dispositions spéciales.

C'est ainsi qu'il prévoit que le ministre de la Guerre est autorisé à affecter aux établissements, etc... travaillant pour la Défense nationale les chefs d'industrie, etc.

La loi dit « affectation », c'est-à-dire désignation d'une usine déterminée que le mobilisé ne pourrait quitter de sa propre autorité sans se rendre coupable d'un abandon de poste sévèrement puni par les règlements militaires (1).

Par une circulaire du 15 octobre 1915, le ministre de la Guerre a précisé la situation qui résultait pour les hommes

(1) Le 2ᵉ conseil de guerre de Paris a condamné à deux mois de prison avec sursis *pour désertion* (jugement du 4 décembre 1916) le soldat auxiliaire L.... détaché aux Forges d'Audincourt qui, pendant cinq jours, avait abandonné son atelier sans toutefois quitter le territoire des Forges et sans manquer de passer régulièrement ses nuits dans le dortoir.

Des jugements analogues ont été rendus par le conseil de guerre de la 14ᵉ région à Grenoble, les 1ᵉʳ, 6 et 15 février 1917, condamnant divers ouvriers mobilisés pour désertion à l'intérieur en temps de guerre à des peines variant entre deux mois de prison et trois ans de travaux publics.

employés dans les établissements travaillant aux fabrications de guerre (artillerie, poudres, génie, aéronautique) de « leur affectation militaire telle que l'a prescrite le § 10 de l'art. 6 de la loi du 17 août 1915 et de leur emploi en qualité d'ouvriers dans les usines travaillant aux fabrications ci-dessus visées.

Au point de vue civil, dit-il, ces hommes bénéficient de l'ensemble de la législation sociale et ouvrière applicable d'une manière générale à l'industrie et, en particulier, l'indemnisation des accidents dont ils peuvent être victimes au cours de leur travail doit être uniquement régie par la loi du 9 avril 1898 à l'exclusion de la loi du 11 avril 1831 sur les pensions de l'armée de terre et des décrets du 13 février 1906 et du 24 mars 1915 sur les gratifications de réforme.

Les dispositions de la loi du 5 avril 1910 sur les retraites ouvrières et paysannes leur sont entièrement applicables.

Ils doivent recevoir de leurs employeurs un salaire égal, au minimum, au taux normal et courant de leur spécialité professionnelle dans la région, conformément au décret du 10 août 1899 sur les conditions du travail dans les marchés passés au nom de l'Etat.

Ce dernier point ne saurait être mis en doute, puisqu'il a fait l'objet d'une disposition expresse de la loi du 17 août 1915.

Les travailleurs militaires en usine, continue la décision ministérielle, sont exclusivement soumis en ce qui concerne leur travail industriel, à la discipline de l'atelier telle qu'elle est fixée par les règlements ordinaires et assurée par les sanctions propres à ces règlements (1).

Mais d'autre part, au point de vue militaire, les ouvriers affectés dans l'intérêt de la Défense nationale à des établissements ou usines travaillant pour l'armée, sont à la disposition du ministre de la Guerre qui a sur eux autorité directe et peut à tout moment les employer dans la situation où ils sont susceptibles d'être le mieux utilisés.

Ils relèvent disciplinairement en dehors du travail industriel de l'autorité militaire ; ils demeurent astreints au port de l'insigne distinctif prévu par la circulaire du 4 juillet 1915 ; ils sont assujettis en dehors de l'atelier à l'observation de toutes les mesures réglementaires et de police applicables aux militaires mobilisés et notamment à celles relatives à la fréquentation des débits de boisson, etc...

Toutefois, ils n'ont pas droit aux avantages spéciaux consentis aux militaires incorporés, en raison de leur présence sous les drapeaux.

C'est ainsi qu'un arrêt de la Cour d'appel de Lyon, du 21 mars 1916 (D. P. 1916, 2, 92) et le ministre de la Guerre (Réponse à une question écrite de M. Vidalin, député. *Journal officiel* du 3 septembre 1915) leur refusent le bénéfice de l'article 4 de la loi du 5 août 1914 portant que

(1) Le droit de se syndiquer ou de faire partie des associations syndicales préexistantes a même été reconnu, à diverses reprises, aux ouvriers mobilisés, notamment par une circulaire de M. le Sous-Secrétaire d'Etat de l'artillerie et des Munitions en date du 23 juillet 1915.

« pendant la durée de la mobilisation et jusqu'à la cessation des hostilités, aucune instance, sauf l'exercice de l'action publique par le ministère public, ne peut être engagée ou poursuivie contre les citoyens présents sous les drapeaux ».

« On s'explique très bien, dit l'arrêt de Lyon, la différence établie par le législateur entre le mobilisé vraiment soldat, parti avec son régiment, soumis à toute la discipline militaire, absorbé par les fatigues et les préoccupations du combat, mis dans l'impossibilité de surveiller ses intérêts personnels et celui qui bien que dépendant dans une mesure plus ou moins large de l'autorité militaire, continue dans le calme et la sécurité à se livrer à des travaux industriels. »

D'autre part, ils ne peuvent bénéficier pour leur correspondance de la franchise postale et ils n'ont pas droit, dans leurs déplacements en chemin de fer, à la réduction des tarifs applicable aux militaires. Enfin, leurs familles ne peuvent prétendre en principe aux allocations prévues par la loi du 5 août 1914 pour les familles nécessiteuses.

On s'explique très bien les motifs de ces dernières dispositions. On peut considérer que recevant un salaire normal, l'ouvrier mobilisé touche en espèces l'équivalent de tous les avantages énumérés ci-dessus (1).

(1) Un jugement extrêmement intéressant de la 7ᵉ chambre du Tribunal de la Seine (6 janvier 1917) et qui mérite d'être reproduit dans presque toute sa teneur a donné tout récemment une interprétation de l'article 6 de la loi du 17 août 1915 en ce qui concerne le statut des ouvriers mobilisés dans les usines travaillant pour la Défense nationale.

Il concerne exclusivement la question de savoir si le contrat de

Il ne nous appartient pas d'examiner ici la valeur de toutes les prescriptions de détail prises par l'administration

travail par louage de services à durée indéterminée, c'est-à-dire le contrat ordinaire, peut être appliqué aux ouvriers mobilisés dans les usines de guerre.

L'ouvrier mobilisé B..., mis à la disposition de l'usine des moteurs Noël par l'autorité militaire pour travailler au matériel de guerre, avait obtenu du conseil des prudhommes un jugement condamnant son patron à lui payer une indemnité pour renvoi.

Le patron interjeta appel en soutenant que le cas de l'ouvrier B... devait être réglé plutôt par la loi relative à l'emploi de la main-d'œuvre militaire, que par l'article 1780 du Code civil.

Le tribunal s'est toutefois déclaré compétent :

« Attendu que la situation des hommes mobilisés mis à la disposition des industriels travaillant pour l'administration de la guerre doit être examinée à un double point de vue.

Mobilisés, ils restent militaires dans leurs rapports avec l'État, ils continuent à être inscrits sur les registres de leurs corps ; pour les infractions pénales qu'ils commettent, ils restent justiciables des conseils de guerre et s'ils encourent une peine disciplinaire, ils la subissent dans une prison militaire. Affectés à une usine, ils sont soumis à l'obligation de résider à l'endroit où se trouve cette usine. Ils ne peuvent à leur gré changer d'usine, puisque ce serait modifier leur affectation, et par suite s'ils l'abandonnent et que leur absence se prolonge pendant un certain temps, ce sera l'abandon de poste ou la désertion. S'ils sont malades, ils doivent se soumettre à la visite d'un médecin militaire et seront soignés dans un hôpital militaire.

Mais en même temps ils sont ouvriers et ne touchent plus la solde, mais reçoivent des salaires. *S'ils sont victimes d'accidents du travail, c'est la loi du 9 avril 1898 qui seule est applicable* et ils sont également soumis, de même que leur patron, à la loi sur les retraites ouvrières.

Dans l'intérieur de l'usine, ils sont subordonnés à l'autorité du patron et soumis à la discipline de la maison.

Ainsi donc, comme le dit d'ailleurs la circulaire du 15 octobre militaire à l'égard des ouvriers mobilisés de l'industrie.

De tout ce que nous venons d'exposer, il suffit de retenir les considérations qui intéressent directement ou indirectement l'indemnisation des accidents du travail dont sont victimes ces ouvriers.

Sur ce point, il ne saurait plus y avoir désormais aucun doute. Les hommes dont il s'agit touchent un salaire normal en vertu de la loi, ils sont soumis au règlement de l'atelier édicté par leurs patrons, on doit donc les consi-

1915 du Sous-Secrétaire d'Etat aux munitions, ces hommes bénéficient de l'ensemble de la législation sociale et ouvrière, applicable d'une façon générale à l'industrie.

Attendu que si pour éviter certains abus, il a été décidé par une circulaire de décembre 1915, que les industriels ne devaient plus dorénavant adresser des demandes nominatives d'ouvriers et qu'en principe seules les demandes numériques seraient acceptées, l'administration de la guerre s'est réservé le droit de déroger à cette règle pour des cas exceptionnels et pour certaines industries spéciales lorsqu'elle le jugeait utile à la Défense nationale.

Attendu que tel paraît être bien le cas dans l'espèce, puisque B... qui n'était pas un ancien ouvrier des établissements Noël, mais qui leur avait été signalé par un de ses patrons antérieurs comme apte à remplir les fonctions auxquelles ils avaient à pourvoir, a été demandé nominativement par Noël à l'autorité militaire et que la demande a été accueillie le 3 novembre 1915... »

Enfin, ajoute le jugement, en ce qui concerne le droit pour le patron de rompre le contrat par sa seule volonté; le fait que l'ouvrier mobilisé à l'usine reste militaire dans ses rapports avec l'Etat n'entraîne pas plus le droit du patron que l'obligation qu'il a de respecter vis-à-vis de l'ouvrier le préavis d'usage quand il existe dans la profession : le patron étant seulement tenu alors d'avertir de sa décision l'autorité militaire qui avait mis l'ouvrier à sa disposition.

dérer en ce qui concerne leur travail en usine et les conséquences du travail comme des ouvriers civils au même titre
que leurs camarades dégagés de toutes obligations militaires.

Ils bénéficient de l'ensemble de la législation sociale et
ouvrière en vigueur, et les accidents dont ils peuvent être
victimes au cours de leur travail doivent être réglés directement par leurs employeurs, dans les conditions de la loi
du 9 avril 1898, en dehors de toute intervention de l'administration de la guerre (1).

Des dispositions générales qui précèdent, nous allons
déduire rapidement la solution de quelques questions particulières.

La législation ouvrière doit être appliquée dans toute son
intégrité aux ouvriers mobilisés.

En conséquence, ils ne peuvent prétendre au cas d'une
maladie, même contractée en service, à aucune indemnité
de la part de leurs employeurs. Toutefois, nous signalerons
que par mesure de bienveillance, le ministre de la Guerre

(1) L'article 2 de la loi du 9 avril 1898 stipule que les ouvriers et
employés désignés à l'article 1er ne peuvent se prévaloir, à raison
des accidents dont ils sont victimes dans leur travail, d'aucunes
dispositions autres que celles de ladite loi.

En conséquence, les dispositions de la loi du 14 mars 1915
(J. O., 16 mars 1915) accordant aux fonctionnaires civils de l'État,
accomplissant en temps de guerre un service militaire et à leurs
veuves ou orphelins, dans les cas de blessures ou de décès résultant de l'exécution de ce service une option entre la pension militaire et leur régime normal de retraites, ne peuvent pas s'appliquer
aux fonctionnaires détachés en usine au titre de l'article 6 de la loi
du 17 août 1915 et victimes d'accidents au cours de leur travail.

a, dans une circulaire du 21 septembre 1916, décidé qu'ils devraient être considérés comme redevenus militaires sitôt que par suite de maladie, ils cessent de percevoir leur salaire. Dans cette situation, ils recouvrent le droit à la solde et à toutes les prestations réglementaires, et leurs familles, si elles réunissent les conditions voulues, doivent recevoir les allocations prévues par la loi du 5 août 1914. En outre, ils peuvent être soignés dans les hôpitaux militaires.

Cette dernière disposition est appliquée parfois aux ouvriers mobilisés victimes d'accidents du travail qui en font la demande, mais le traitement dans les hôpitaux militaires ne peut jamais leur être imposé. Ils bénéficient toujours des dispositions du deuxième alinéa de l'article 4 de la loi du 9 avril 1898, et peuvent faire choix de leur médecin et de leur pharmacien.

Lorsqu'ils sont soignés dans les hôpitaux militaires, l'administration de la guerre peut toujours poursuivre contre l'employeur responsable le remboursement des frais de traitement, dans les limites fixées par l'arrêté ministériel du 30 septembre 1905 (Rec. Min. du Travail, n° 1, p. 256).

En revanche, le chef d'entreprise a toujours le droit, conformément aux dispositions du cinquième alinéa de l'article 4 de la loi précitée de désigner un médecin chargé de le renseigner sur l'état de la victime. Le médecin ainsi désigné aura accès hebdomadairement près de la victime, dans les conditions déterminées par le dit article.

En parlant des ouvriers coloniaux, nous étudions plus

particulièrement la question de l'indemnisation des accidents survenus dans les cantonnements imposés aux travailleurs de cette catégorie. Nous avons cru devoir traiter cette question à propos des ouvriers indigènes, parce que les cantonnements sont de règle pour eux, tandis qu'ils ne sont établis que très exceptionnellement pour les ouvriers de la métropole (circ. du Min. de la guerre, 2 octobre 1915).

Toutefois, les solutions que nous y avons étudiées, doivent s'appliquer rigoureusement au règlement des accidents survenus dans les mêmes conditions aux ouvriers français.

Nous arrêterons là notre étude du règlement des accidents du travail survenus aux ouvriers mobilisés.

La situation de ces hommes ne laisse pas que d'être extrêmement délicate et de donner souvent matière à discussion. Aussi depuis le vote de la loi du 17 août 1915 a-t-elle déjà fait l'objet de l'attention de nos législateurs.

Les uns ont demandé que cette situation soit nettement précisée par un texte qui spécifierait, qu'en cas d'accident, seule la législation civile pourrait leur être applicable.

D'autres, au contraire, tels M. Girod député, demandent que les veuves des ouvriers de l'usine, décédés des suites de blessures reçues ou de maladies contractées ou aggravées à l'occasion du service, dans les usines de la Défense nationale, bénéficient des pensions militaires (V. amendement de M. Girod député, au projet de loi sur des pensions militaires (*Doc. Parlem.*, Chambre des Députés. 1916, n° 7) (1).

D'autres enfin ont tout récemment déposé sur le bureau de la Chambre des députés, des projets de loi, tendant à la militarisation complète des usines de guerre.

Il n'entre pas dans le cadre de ce modeste ouvrage d'approuver telle ou telle solution d'un problème aussi délicat,

(1) Cet amendement vient d'être pris en considération, tout au moins en ce qui concerne les ouvriers mobilisés décédés des suites de maladie, par la commission des pensions civiles et militaires chargée d'examiner le projet de loi tendant à modifier la législation des pensions des armées de terre et de mer et fait l'objet de l'art. 20, adopté par la commission et ainsi conçu :

Art. 20 : « Les mobilisés affectés à des usines et ateliers de guerre dans les conditions prévues à l'art. 6 de la loi du 17 août 1915 et les ayants cause de ces mobilisés, bénéficient des dispositions de la présente loi pour les maladies contractées ou aggravées, par suite des fatigues, dangers ou accidents du service, s'ils ont fait constater, au cours de leur affectation, par le service de santé militaire, l'origine ou l'aggravation de ces maladies.

Les pensions, gratifications, allocations renouvelables, auxquelles ils peuvent prétendre, sont calculées d'après le taux afférent au soldat ou à ses ayants droit. »

Cet article, entièrement nouveau, a pour but de ménager aux mobilisés affectés aux usines de guerre le bénéfice de la loi des pensions militaires, dans le cas où ils ne sont pas couverts par la loi du 9 avril 1898, c'est-à-dire au cas de mort ou d'infirmité par maladie contractée ou aggravée en suite du service.

Le taux applicable est celui du soldat. Le droit commun régit les pensions, gratifications, allocations et majorations accordées en vertu du dit article (Rapport fait au nom de la commission par M. Pierre Masse, député. *Docum. Parlem..* 1917. Annexe n° 2383, p. 1984).

nous nous contentons de formuler le vœu qu'un statut définitif soit enfin donné aux « combattants » de l'usine afin d'éviter tous les flottements dont la présente étude, limitée à un seul objet, n'a pu donner qu'une très faible idée (1).

(1) A propos des modifications projetées à la situation des ouvriers mobilisés dans les usines de la Défense nationale, nous croyons devoir signaler à l'attention des pouvoirs publics, celle particulièrement intéressante des spécialistes détachés dans les établissements privés de l'Algérie.

Considérés par l'administration comme soumis à la législation ouvrière, ils n'ont pas droit au cas d'accident du travail aux pensions militaires. D'autre part, la loi du 9 avril 1898, n'étant pas applicable à l'Algérie, ils ne peuvent être indemnisés que dans les conditions du droit commun qui dans la généralité des cas les laissera désarmés contre leur employeurs.

II

OUVRIERS ATTEINTS AU COURS DE LEUR TRAVAIL PAR LE FEU DE L'ENNEMI

De tous les problèmes soulevés depuis le commencement des hostilités en matière de législation ouvrière, le plus nouveau semble devoir être celui du règlement des indemnités qui peuvent être dues aux ouvriers atteints au cours de leur travail par des projectiles ennemis.

L'utilisation des canons à longue portée et surtout des dirigeables et aéroplanes de bombardement, a multiplié au cours de la guerre actuelle les accidents de ce genre.

Aux époques où les navires de l'air n'existaient que dans l'imagination des romanciers et des conteurs, les armées s'entrechoquaient dans des zones abandonnées par la population civile, ou autour de localités peut-être pas entièrement évacuées par les non-combattants, mais dans lesquelles toute industrie était certainement interrompue. Ce n'est qu'au cours du siège des places fortes que des accidents de cette nature auraient pu poser la question qui nous occupe, si la loi du 9 avril 1898 n'avait été postérieure aux dernières guerres.

Aujourd'hui, les aéroplanes, les dirigeables, les grosses pièces lourdes surprennent brusquement les villes en pleine activité, semant le désordre et la mort loin du front de bataille, dans des régions où la vie continue presque normale, et où le travail a repris parfois avec une intensité plus grande en vue de la production des objets nécessaires à la défense.

Sur la ligne de feu même, le machinisme compliqué des nouveaux engins de combat exige parfois, soit pour la mise au point des appareils, soit pour la réparation des pièces, la présence d'ouvriers spécialistes détachés par les fournisseurs.

Enfin, les travaux formidables de retranchement établis sur chaque front, nécessitent souvent le concours de la main-d'œuvre civile.

L'indemnisation des accidents du travail survenus dans les diverses situations que nous venons d'énoncer, soulève autant de questions délicates que le législateur de 1898 n'aurait pu prévoir, car on ne pouvait soupçonner à cette époque cependant si rapprochée ce que seraient les procédés actuels de combat.

En l'absence de toute indication de la loi il appartenait aux tribunaux et à eux seuls de se prononcer sur les cas nouveaux qui venaient d'être soulevés. Plusieurs jugements et arrêts ont déjà été rendus sur la matière, et nous pouvons dire que leurs décisions sont à peu près unanimes, les considérations qui les motivent pouvant seules marquer quelques divergences.

Nous ne croyons pas pouvoir mieux faire pour exposer clairement les diverses théories émises par la jurisprudence, sur le sujet traité dans ce chapitre, que d'examiner successivement chacune de ces décisions.

La plus ancienne est un jugement du tribunal civil de la Seine (4° chambre, 3° section) en date du 6 juillet 1915 (D. P., 1916, 2, 45).

Le 11 octobre 1914, le sieur Brisedoux, conducteur d'une automobile de place, se trouvait avec sa voiture à la station de la rue du Faubourg Saint-Antoine, quand il fut blessé au bras gauche par l'éclat d'une bombe lancée par un aéroplane allemand.

Prétendant que ce fait constituait un accident du travail devant être assimilé aux accidents causés par les forces de la nature, lorsque le danger d'être atteint par celles-ci est augmenté par l'exécution du travail, M. Brisedoux réclamait à la compagnie d'assurances *Le Secours* une rente annuelle et viagère par application de la loi du 9 avril 1898.

L'argumentation du tribunal statuant sur cette demande fut très nette en même temps qu'elle demeurait très sobre.

« La guerre, disait le jugement emporte une transformation complète de toutes les conditions dans lesquelles s'exerce la vie, le commerce, le sort des ouvriers ; elle doit donc être assimilée au jeu des forces de la nature, contre lesquelles aucune prévoyance humaine ne peut fournir de garantie suffisante. »

Mais pour que les accidents, occasionnés par les forces de la nature, donnent lieu à l'application de la loi du 9 avril 1898, il ne suffit pas qu'ils soient survenus pendant le travail, il faut encore que le travail ait contribué à mettre ces forces en mouvement ou qu'il en ait aggravé les effets (Req., 30 avril 1912, D. P., 1912, 5, 32). Or, rien dans les circonstances de la cause n'établit que le travail ait contribué à mettre en mouvement ou à aggraver la cause de la blessure de Brisedoux.

D'autre part, on dépasserait manifestement la pensée du législateur en soutenant que les accidents occasionnés par le feu de l'ennemi sont garantis par la législation actuelle qui ne les a certainement pas prévus.

Une clause spéciale est d'ailleurs généralement nécessaire pour étendre le bénéfice des polices d'assurances aux risques de guerre.

Pour ces motifs, M. Brisedoux était débouté de sa demande en paiement d'une rente.

Il ne se tint pas pour battu et représenta sa thèse en appel devant la cour de Paris qui par un arrêt du 10 janvier 1916 (D. P., 1916, 2, 45) confirma la décision des premiers juges en se basant surtout sur cette considération que le risque de guerre n'a été ni prévu ni couvert par la loi du 9 avril 1898 et que le demandeur n'était ni plus ni moins menacé que les autres citoyens par le bombardement de la ville,

Toutefois, le 25 novembre 1915, le tribunal civil de Dunkerque s'était prononcé pour l'application de la loi du 9 avril 1898 au règlement des accidents causés par des faits de guerre.

Dans son jugement, il s'attachait surtout à détruire la thèse du tribunal civil de la Seine, assimilant les accidents occasionnés par le feu de l'ennemi aux cas de force majeure dus à l'intervention des forces de la nature.

Le 30 décembre 1914, le sieur Dycko avait été tué à Rosendaël, place Voltaire, par l'éclatement d'une bombe lancée par un aéroplane allemand, au moment où il déchargeait chez un boulanger le chariot de balles de farines que son patron, le minotier Bonvarlet, lui avait donné l'ordre d'y conduire.

Examinons le jugement par le détail.

La loi du 9 avril 1898, disait-il, met à la charge de l'employeur la réparation du préjudice que les accidents du travail déterminent pour ses ouvriers, indépendamment de toute faute de sa part et de toute responsabilité naissant de leurs causes. L'employeur ayant le profit des bonnes chances, le législateur a pensé qu'il devait avoir les charges des mauvaises, au premier rang desquelles figure pour l'ouvrier le risque de l'accident.

C'est le principe du risque professionnel.

Aucune restriction à ce principe n'a été apportée par la législation sur les accidents du travail, antérieurement à la guerre ou postérieurement à la mobilisation, pas plus qu'elle n'a suspendu ou restreint son application pendant la durée des hostilités.

Bonvarlet pour justifier son exception de non-recevabilité se contente de plaider l'assimilation de certains faits de l'homme, tels que la guerre, l'invasion, le bombarbement, le blocus, aux accidents provenant de faits purement matériels, tels que la maladie, la mort, le feu du ciel, les inondations, les tremblements de terre, etc.

Les événements de guerre peuvent, il est vrai, modifier les obligations qui dérivent de la loi, ou même les annihiler lorsqu'ils créent des impossibilités absolues d'exécution, mais il ne saurait en être ainsi au point de vue juridique quand ils ont eu simplement pour effet de rendre cette exécution plus difficile et plus onéreuse, ou d'en augmenter les risques et les aléas.

Or, la ville de Dunkerque et ses communes limitrophes dépendant du camp retranché ont été survolées à plusieurs reprises avant le 30 décembre 1914 par des taubes et des aviatiks dont les projectiles ont causé un certain nombre de victimes et des dégats plus ou moins importants.

La plupart des travaux auxquels on se livrait alors, et notamment ceux qu'il fallait accomplir sur la voie publique, présentaient évidemment une augmentation de risques. La chute des bombes survenue pendant que Dycke était à son travail augmentait donc simplement les risques professionnels qu'il courait et les charges qui en découlaient pour son patron.

En conséquence, le tribunal condamnait Bonvarlet à

payer, par application de la loi du 9 avril 1898, à la veuve et aux deux enfants de M. Dycke une rente calculée sur un salaire annuel de 1500 francs.

Bonvarlet et sa compagnie d'assurances firent appel de cette décision qui fut réformée par un arrêt de la cour d'Amiens en date du 6 avril 1916 (*Gazette des tribunaux*, 4 juin 1916).

La Cour établit d'abord une distinction entre le risque professionnel et le risque humain ; le premier trouvant sa cause directe ou indirecte dans le travail ou dans le fonctionnement de l'entreprise, tandis que le second est absolument indépendant et constitue un danger que court tout individu.

Puis elle reprit et développa les arguments principaux de la Cour de Paris et du Tribunal de la Seine.

Les travaux préparatoires aussi bien que les termes de la loi du 9 avril 1898 démontrent que cette loi n'a entendu rendre le patron responsable que des risques professionnels, les seconds restant à la charge de la victime.

Une personne ne pourrait légitimement avoir la prétention de rejeter sur une autre le poids des risques auxquels elle est exposée comme toute autre, mais pas plus que toute autre.

C'est d'ailleurs en conformité de cette règle de droit et de bon sens, qu'il est unanimement admis que les accidents causés par la foudre par exemple, n'entrent pas, en principe, dans la catégorie de ceux visés par la loi du 9 avril 1898, parce qu'ils sont la conséquence d'un risque qui n'est pas particulier aux ouvriers (Voir dans le même sens, Trib. de paix de Reims, 15 septembre 1916. — *Gazette des Tribunaux*, 2 et 3 novembre 1916).

On le voit, la jurisprudence paraît avoir aujourd'hui pris nettement position et être bien déterminée à refuser le bénéfice de la loi du 9 avril 1898 aux ouvriers blessés au cours de leur travail par des projectiles ennemis.

Cette solution paraît entièrement justifiée, toutefois, les motifs sur lesquels on l'établit semblent pouvoir donner matière à discussion.

De nombreuses décisions de la Cour de cassation ont bien, il est vrai, affirmé la non-application de la loi du 9 avril 1898 aux accidents causés par les forces de la nature lorsque l'accident n'a été ni provoqué ni aggravé par les conditions dans lesquelles ce travail était effectué. (Civ., 10 décembre 1902. — D. P., 1903, 1, 331. — Req., 15 juin 1903. — D. P., 1904, 1, 262. — Civ., 2 mars 1904. — D. P., 1904, 1, 553. — Req., 8 juin 1904. — D. P., 1906, 1, 107. — Req., 30 avril 1912. — D. P., 1906, 1., 107. — Req., 30 avril 1912. — D. P., 1912, 5, 32.) Mais peut-on dire que les accidents occasionnés par des faits de guerre doivent être assimilés aux accidents de ce genre ?

Les forces de la nature obéissent à des lois encore secrètes, que la volonté de l'homme ne peut influencer ; dans la généralité des cas elles frappent les personnes sans avoir égard au lieu où elles se trouvent ni à la tâche qu'elles accomplissent, et nul ne peut se dire à l'abri de leurs coups lorsqu'elles sont déchaînées. Leur action est soudaine, elle n'est pas limitée à une zone déterminée et peut s'exercer sur toute la surface du globe.

Les engins explosifs au contraire ont été fabriqués par l'homme, ils sont lancés par lui dans une direction voulue, vers des objectifs repérés à l'avance et qu'il se propose d'atteindre.

D'autre part, s'il est vrai que des attaques sérieuses peuvent menacer indistinctement toutes les régions du territoire d'un État en guerre, il est incontestable que certains points sont plus particulièrement exposés, soit à cause de leur situation dans la zone du champ de bataille, soit en raison de la nature spéciale du travail que l'on y effectue.

C'est ainsi que la fabrication de munitions de guerre dans une usine connue occasionnera des raids d'aéroplanes ennemis au-dessus de cette usine et en provoquera le bombardement.

L'ouvrier blessé au cours d'un de ces bombardements pourra donc semble-t-il invoquer utilement l'arrêt précité de la Chambre des requêtes et conclure à l'application de la loi du 9 avril 1898, en soutenant que la chute des projectiles ennemis a été provoquée par le travail qu'il effectuait dans l'établissement.

Il en serait de même de l'ouvrier que son travail obligerait à séjourner dans la zone des armées pour la réparation des pièces d'artillerie ou pour des commodités de livraison ou de chargement des obus.

Il en serait de même encore de l'ouvrier civil occupé à la construction des tranchées. Nul doute que les travaux qu'il effectue n'attirent l'attention de l'ennemi qui s'efforcera de les démolir en concentrant sur eux le tir de ses batteries.

La situation des ouvriers atteints dans ces conditions par le feu de l'ennemi, serait, semble-t-il, la même que celle de cet électricien tué par la foudre à son poste dans l'usine et aux ayants droit duquel le tribunal civil de Grenoble a, par un jugement en date du 31 mai 1902, accordé le bénéfice de la loi du 9 avril 1898, parce que « l'installation industrielle des courants électriques à l'intérieur de l'usine a été la cause immédiate et directe de l'accident, en créant un danger spécial sans lequel le sinistre ne se serait pas produit ».

On le voit donc, avec ce système, on serait amené à accorder l'indemnisation dans les conditions de la loi de 1898 aux accidents du travail causés par des faits de guerre, toutes les fois que l'exercice d'une industrie aurait pour effet, non seulement de provoquer l'accident, mais même d'aggraver le danger que l'événement de guerre fait normalement courir.

Cette solution à notre avis dépasserait la volonté du législateur. Quel est en effet le but qu'il se proposait ?

Considérant les conditions ordinaires du travail et de l'activité industrielle s'exerçant dans un milieu normal, il a voulu mettre l'ouvrier à l'abri des risques courus pendant l'exécution de sa tâche.

Ces risques sont de deux sortes : Les risques purement professionnels, inhérents à l'exercice de la profession, risques d'accidents de machine dans les usines, risques d'explosions dans les laboratoires ou les poudreries, de chutes dans les travaux du bâtiment, etc., et les risques qui ne sont pas spéciaux à une entreprise déterminée tels que celui d'être écrasé dans la rue ou attaqué par des malfaiteurs en faisant une course ou en livrant des marchandises. Ces risques menacent indistinctement tous les citoyens, ce sont les risques humains auxquels fait allusion l'arrêt précité de la Cour d'Amiens.

Nous estimons que le législateur a entendu mettre tous ces accidents à la charge de l'employeur, même les derniers à la condition toutefois qu'ils se produisent sur le lieu, au cours et à l'occasion du travail. La jurisprudence de la Cour de cassation ne laisse plus aucun doute à cet égard.

Mais peut-on faire entrer les risques de guerre dans l'une ou l'autre de ces deux catégories ?

Ainsi que le fait excellemment remarquer une note de la *Gazette des tribunaux* sous l'arrêt de la cour d'Amiens (*Gaz. trib.*, 4 juin 1916), la loi de 1898 a entendu établir un principe de responsabilité. Peu importe qu'elle le fasse reposer sur une idée de faute ou de risque professionnel, il faut pour qu'il joue un milieu social envisagé comme normal.

Or, « la guerre emporte une transformation complète de toutes les conditions dans lesquelles s'exerce la vie, l'industrie, le commerce, le sort des ouvriers » (V. le jugement précité du trib. de la Seine). La guerre est un véritable cataclysme qui surprend brusquement les nations, bouleverse la vie des individus et déjoue toutes les prévisions.

Elle fait courir des risques énormes, nullement en rapport avec l'exercice habituel d'une profession ou les dangers ordinaires de l'existence.

Quand même elle se prolongerait au point de déterminer un *modus vivendi* particulier, on ne pourrait soutenir que les accidents qu'elle occasionne entrent dans le cadre normal de la vie et dans la catégorie des risques inhérents à la profession ou des risques humains ordinaires d'une exploitation.

On objectera peut-être que refuser au moyen de cette théorie le bénéfice de la loi de 1898 aux ouvriers blessés au cours de leur travail par le feu de l'ennemi serait porter une atteinte très grave au principe du risque professionnel et permettre plus tard de soustraire à son application des industries nouvelles qui présenteraient des risques particulièrement graves.

Nous ne pensons pas que cet argument puisse porter sérieusement. Les risques nouveaux ainsi créés ne proviendraient pas de causes extérieures étrangères au travail, ils auraient leur source dans l'exercice de la profession, et par là même comporteraient l'assujettissement à la législation sur les accidents du travail. D'autre part, on ne pourrait soutenir que la loi de 1898 n'a pas prévu les progrès et l'évolution de l'industrie et qu'elle a entendu limiter son action aux exploitations existantes au moment de sa promulgation et ne comportant que des dangers moyens.

Au contraire, l'énumération dans l'art. 1ᵉʳ des industries assujetties indique nettement l'intention du législateur de viser tout d'abord celles dans lesquelles les risques d'accidents sont les plus gros et les plus fréquents. D'ailleurs, même dans les établissements dangereux les conditions du travail et la vie industrielle sont absolument normales.

Pour les motifs exposés ci-dessus, nous pensons donc que la loi du 9 avril 1898 ne doit s'appliquer en aucun cas au règlement des accidents occasionnés à des ouvriers, au cours de leur travail, par des événements de guerre.

Est-ce à dire que les victimes de ces accidents ou leurs ayants droit ne pourront réclamer à personne la réparation de ces accidents ? Non, car déjà le gouvernement et le parlement se sont préoccupés du sort des victimes civiles de la guerre et plusieurs projets de loi ont été déposés en vue de leur indemnisation.

L'un d'entre eux a été présenté par M. Poincaré président de la République, M. Malvy ministre de l'intérieur, le général Gallieni ministre de la guerre et M. Ribot ministre des Finances. (V. Ch. des députés. Documents parlementaires n° 1860, 11ᵉ législature, session 1916). Aux termes de l'article 1ᵉʳ, tout fait de guerre qui aura, entre le 2 août 1914 et une date fixée par un décret à intervenir après la cessation des hostilités occasionné une infirmité (blessure ou maladie) à un civil français, ouvrira à ce dernier le droit à une pension d'infirmité ou à une allocation renouvelable.

Jadé   5

Ces pensions et allocations seront attribuées dans les mêmes conditions et basées sur les mêmes taux que les pensions militaires et gratifications de réforme.

Le projet en question qui a été renvoyé par une décision de la Chambre des députés (14 mars 1916) aux commissions des pensions civiles et militaires, d'assurance et de prévoyance sociale, exceptionnellement réunies pour délibérer en commun, permettra certainement une fois voté, de dédommager les ouvriers d'une usine atteints dans leur travail par le feu de l'ennemi (1).

En attendant, les victimes des faits de guerre ne demeurent point sans secours. Une loi du 28 avril 1916 (*J. Offi.*, du 30 avril 1916) a prévu l'extension du bénéfice de la loi du 5 août 1914 « à toute famille nécessiteuse française, résidant en France, dont le soutien indispensable non militaire aura, en dehors de toute faute caractérisée de sa part, été victime d'un fait de guerre subi, soit en territoire français, soit dans une zone occupée par nos armées, et cela

(1) Il n'entre pas dans le cadre de cette étude de discuter le principe des indemnités qui seront ainsi allouées. Nous ne pouvons que renvoyer aux éminentes publications du Comité national d'action pour la réparation intégrale des dommages causés par la guerre, et notamment :

Joseph Barthélemy, *Le principe de la réparation intégrale des dommages causés par la guerre.*

Louis Rolland, *Dommages causés aux personnes par les faits de guerre.*

Maurice Hauriou, *Note sur le principe et l'étendue du droit à l'Indemnité pour les victimes des dommages de guerre.*

pendant toute la durée de l'incapacité de travail résultant de la blessure reçue ».

De plus, tout français nécessiteux, non militarisé qui, dans les conditions et circonstances susindiquées aura été victime d'un fait de guerre, recevra s'il n'a pas de charges de famille, l'allocation indiquée ci-dessus, pendant toute la durée de l'incapacité de travail résultant de sa blessure.

Ces dispositions resteront en vigueur, pendant toute la durée de la présente guerre.

En résumé donc, et à notre avis, les ouvriers atteints au cours de leur travail par le feu de l'ennemi, ne doivent en aucun cas être indemnisés dans les conditions de la loi du 9 avril 1898, mais ils peuvent dès maintenant réclamer les allocations prévues par la loi du 28 avril 1916 et au cas d'infirmités permanentes, ils seront dédommagés au titre de victimes civiles de la guerre lorsque le projet de loi susindiqué aura été voté.

Nous aurons fini avec cette étude en indiquant que le Ministre de la Guerre accorde, dans certains cas, aux ouvriers qu'il emploie, les indemnités de la législation sur les accidents du travail.

Il estime que le système de dédommagement à appliquer aux ouvriers atteints par le feu de l'ennemi doit découler du caractère même de l'établissement auquel ils appartenaient et de celui du travail effectué par eux, et que s'il s'agissait d'établissements organisés à proximité du champ de bataille pour des raisons de commodité de livraison par exemple, tout accidenté devrait être rémunéré par son employeur, l'accident ayant un caractère professionnel.

Le travail dans un établissement ainsi organisé comporte dit-il un risque spécial provenant de son caractère particulier de travail exécuté, non seulement en vue d'opérations militaires, mais encore sur le terrain de la guerre.

Au contraire, s'il s'agissait d'un établissement fonctionnant dans les conditions ordinaires, comme il fonctionnait avant les hostilités, le travail qui y est effectué serait un travail normal, ne comportant pas par lui-même un risque spécial ; l'accident serait un cas de force majeure et la victime devrait recevoir les allocations accordées par la loi qui sera votée incessamment sur l'indemnisation des victimes civiles de la guerre.

Nous devons reconnaître la valeur des arguments présentés par l'administration de la guerre à l'appui de sa thèse, toutefois, nous ne les discuterons pas ici estimant que les raisons développées ci-dessus permettent de repousser la distinction proposée.

Il n'est pas à notre connaissance que les tribunaux aient été appelés à connaître d'accidents survenus dans des conditions qui leur permettraient de se prononcer sur cette distinction. Les deux espèces que nous avons examinées ne soulevaient évidemment pas la question, puisque dans aucun des cas la victime n'accomplissait un travail présentant un lien direct avec les opérations de guerre.

Les accidents de cette nature sont malheureusement assez

fréquents pour que la question soit posée incessamment, et la jurisprudence ne tardera pas à nous donner toutes les solutions de ce problème le plus délicat peut être de ceux qui ont été soulevés jusqu'à ce jour en matière de responsabilité des accidents du travail.

III

TRAVAILLEURS AGRICOLES

Ainsi que nous l'avons déjà vu au sujet des ouvriers détachés dans les usines de la Défense nationale, les conditions de la guerre actuelle sont singulièrement différentes de celles des guerres du passé. Plus de décisions rapides à la suite de brillantes passes d'armes. C'est la guerre lente, scientifique, la lutte implacable sur tous les terrains de l'activité humaine.

Pendant que les forces vives de la nation s'efforcent d'obtenir au front de combat un succès définitif, il faut nourrir le peuple de l'intérieur, il faut durer en guettant l'épuisement de l'adversaire. Pour cela on ne doit négliger aucune des ressources du pays, et certes, parmi toutes les préoccupations de nos dirigeants celle d'assurer le maximum de rendement des récoltes n'est pas la moins importante.

On conçoit fort bien que la mobilisation ait laissé nos campagnes dans une situation difficile. Tous les hommes qui accomplissaient les travaux pénibles étant partis, les femmes s'étaient bien efforcées de les suppléer, mais il était évident que leurs forces n'excéderaient pas certaines limites et que si on ne leur venait en aide, malgré tout leur courage, de vastes étendues de terrains jusqu'alors fertiles demeureraient incultes.

Aussi l'État-major de l'Armée se préoccupa de bonne heure de rendre à la culture, au moins momentanément, les bras dont elle avait été privée à la mobilisation.

Par diverses circulaires, notamment des 3 mai, 25 mai: 1er et 5 juin 1915, le Ministre de la Guerre réglementa les conditions dans lesquelles certains militaires de la zone de l'intérieur, exerçant des professions agricoles, pourraient obtenir des permissions pour travailler à leurs propres exploitations ou se mettre à la disposition de chefs d'entreprises.

Ces permissions, d'une durée uniforme de 15 jours, ne devaient être accordées qu'à un nombre restreint de professionnel, qui par leur âge et leur situation militaire pouvaient sans inconvénients être distraits momentanément de leur service.

Le bénéfice en fut donc tout d'abord réservé aux territoriaux et R. A. T. des dépôts (à l'exception toutefois des dépôts de Dunkerque, Verdun, Toul, Épinal et Belfort) et aux G. V. C. de la zone de l'intérieur.

Ces mesures étant jusqu'ici insuffisantes pour assurer la main-d'œuvre nécessaire aux grands travaux agricoles de l'été, le Ministre de la Guerre, par une circulaire du 5 juin 1915, étendit, sous certaines conditions imposées par les besoins du service, la faculté d'obtenir des permissions agricoles, à différentes autres catégories de militaires, notamment aux hommes du service auxiliaires, aux hommes non-mobilisables pour raisons de santé, et aux hommes de quelques formations de l'intérieur.

Il autorisa, en outre, les ouvriers agricoles originaires des régions envahies, à s'embaucher chez des cultivateurs qui avaient fait la demande de main-d'œuvre militaire. Ces autorisations furent même étendues par une circulaire du 12 juin suivant à tous les hommes qui, pour une raison quelconque, ne pouvaient ou ne voulaient rentrer chez eux.

Par la même circulaire on accorda aux chefs de corps et commandants de dépôts ou centres d'instruction la faculté de laisser les militaires sous leurs ordres, à quelque classe qu'ils appartiennent, venir en aide aux agriculteurs du voisinage des cantonnements en dehors des heures de service et en particulier le dimanche.

Le concours ainsi apporté à l'agriculture paraissant encore insuffisant, l'Etat-major de l'Armée fut amené à envisager la formation d'équipes agricoles composées d'hommes accoutumés aux travaux manuels qui seraient susceptibles, bien que n'exerçant pas des professions agricoles, de prêter d'une manière utile, l'aide de leurs bras aux cultivateurs.

Des règles particulières furent édictées en vue de la constitution de ces équipes, d'accord avec les préfets, et l'on détermina en même temps les conditions dans lesquelles seraient détachés les hommes qui devaient en faire partie.

Deux catégories bien distinctes de travailleurs agricoles

furent donc ainsi nettement établies, et à chacune de ces deux catégories, permissionnaires et ouvriers en équipes, devait correspondre une situation différente.

Nous allons examiner successivement ces deux situations en indiquant pour chacune d'elles, en matière d'accident, les solutions qui nous paraissent les plus logiques, et qui sont d'ailleurs celles admises par l'administration de la guerre.

A) *Permissionnaires agricoles.*

Il importe avant tout de déterminer quels hommes peuvent bénéficier de permissions agricoles. Pour cela il nous suffira d'en faire une énumération empruntée aux diverses circulaires ministérielles qui régissent la question depuis le mois de mai 1915.

Ce sont tout d'abord les territoriaux et R. A. T. des dépôts à l'exception de ceux des villes indiquées ci-dessus, exerçant des professions agricoles (cultivateurs, vignerons, maraîchers, pépiniéristes, planteurs de tabac, etc.) ou des professions dont l'exercice est justifié par les besoins de l'agriculture (maréchaux ferrants).

A ceux-ci il faut ajouter trois nouvelles séries de militaires.

a) Les hommes du service auxiliaire de toutes classes, sous la réserve que leur envoi en permission ne servira pas de prétexte à une incorporation nouvelle d'auxiliaires et que les auxiliaires spécialistes détachés dans les Etablissements et usines de la guerre seront munis d'une autorisation de leur chef de service.

b) Les hommes non-mobilisables pour raison de santé.

Ce sont les inaptes, blessés ou malades, qui ont rejoint les dépôts sans être complètement rétablis. Ils peuvent, quelle que soit leur classe, obtenir des permissions agricoles, s'ils exercent les professions énumérées ci-dessus, à la condition toutefois qu'ils ne soient pas en état d'être envoyés aux armées avant un délai minimum d'un mois.

c) Les hommes des formations de l'intérieur autres que les dépôts et G. V. C.

Nous avons vu que dans les dépôts, seuls peuvent obtenir des permissions agricoles les cultivateurs appartenant aux classes de la territoriale ou de la réserve.

Par formations de l'intérieur il faut donc entendre les régiments ou les bataillons territoriaux maintenus à l'intérieur, les batteries à pied, les batteries de côtes, les compagnies spéciales, les sections de convoi-auxiliaire, les équipages de pont du génie, etc.

Il demeure toujours bien entendu que ni le service, ni l'instruction ne doivent souffrir du départ en permission des hommes de ces diverses catégories et que les autorités locales doivent veiller à la réglementation et même à la limitation des permissions, pour ne pas nuire au bon fonctionnement de certains organes jusqu'ici indispensables.

Nous devons maintenant discerner quels hommes sont véritablement des permissionnaires agricoles.

Ce serait une erreur de croire que tous les militaires porteurs d'un titre de permission et participant aux travaux des champs sont des permissionnaires agricoles. Certains hommes qui n'ont jamais sollicité une permission de ce genre, qui ont été mis d'office à la disposition de particuliers pour les aider aux travaux de la moisson, sont néanmoins munis par les autorités militaires de titres de permission destinés uniquement à leur permettre de justifier leur absence de la garnison à laquelle ils appartiennent.

D'autre part, il n'est pas nécessaire pour qu'un militaire soit en permission agricole qu'il travaille à une exploitation lui appartenant en propre. Il peut avoir demandé l'autorisation de retourner au service de ses anciens patrons, ou même de se mettre à la disposition de nouveaux employeurs avec lesquels il a librement contracté.

Ceci posé, nous définirons les permissionnaires agricoles des militaires qui ont sollicité et obtenu une permission pour exécuter chez eux des travaux agricoles, pour leur propre compte ou chez des propriétaires de leur choix, dans des conditions librement débattues par eux, en dehors de toute intervention de leurs chefs.

Mais quel est le point de départ de la permission ?

Commence-t-elle à l'instant où le bénéficiaire franchit la grille de la caserne, le seuil du cantonnement, ou à l'heure de l'arrivée en gare du train qui le débarque au lieu indiqué sur son titre ? En d'autres termes, et au seul point de vue qui nous intéresse, qui doit être responsable des accidents dont il peut être victime au cours du trajet entre sa garnison et la localité où il se rend ?

Il est de règle de regarder comme étant en service commandé les militaires munis de permissions pendant toute la durée des parcours effectués soit pour se rendre à la localité désignée sur leur titre de permission, soit pour rejoindre leur corps à l'expiration de la dite permission. Par suite, les accidents dont ils peuvent être victimes pendant la durée desdits parcours doivent être tenus comme survenus pendant une période de service commandé, à moins qu'ils ne soient la conséquence d'une faute ou d'une infraction aux règlements, de nature à engager la responsabilité personnelle du militaire blessé.

La question d'indemnisation des accidents ne se pose donc vraiment qu'au moment où les bénéficiaires de permissions agricoles se livrent aux travaux de leur profession.

Pour les premiers, ceux qui ont demandé l'autorisation de se rendre chez eux afin de travailler à leurs propres exploitations, il ne saurait y avoir aucun doute. Ils ont agi de leur plein gré, en sollicitant la permission qui leur a été accordée, ils ne peuvent être admis à se retourner contre l'État pour lui demander de les indemniser des accidents dont ils ont été victimes en s'occupant de leurs propres intérêts.

Les mêmes dispositions semblent devoir être appliquées aux militaires qui se sont mis de bonne volonté au service d'employeurs librement choisis par eux. Nul ne les a contraints à solliciter une permission ; leurs chefs ne sont pas intervenus pour leur imposer tel employeur de préférence à tel autre.

Ils ont débattu seuls leur salaire et les conditions du travail ; ils exécutent leur tâche sous la surveillance exclusive du patron qu'ils se sont volontairement donné. On ne peut en conséquence les considérer au cas d'accidents comme des militaires blessés en service commandé, et ils ne peuvent par suite prétendre au bénéfice des pensions militaires.

Mais ils ne sont point pour cela désarmés et livrés à leurs propres ressources. L'existence du contrat de travail qui les lie à leurs employeurs est indiscutable. Ils peuvent donc se prévaloir contre leurs patrons de la législation à laquelle les assujettit leur profession, et nous ne pensons pas que personne leur conteste sérieusement ce droit.

La loi du 30 juin 1899 limite, il est vrai, le bénéfice de la loi du 9 avril 1898 aux accidents occasionnés par l'emploi de machines agricoles mues par des moteurs inanimés, mais pour le cas où la législation sur les accidents du travail ne serait pas applicable, la victime conserve toujours l'exercice de l'action en responsabilité civile dans les conditions du droit commun.

En résumé, les permissionnaires agricoles ne peuvent rien réclamer à l'État du fait des accidents dont ils sont victimes au cours de leurs permissions, mais lorsqu'ils sont liés à des particuliers par un contrat de travail ils peuvent actionner ces derniers soit en vertu de la loi du 30 juin 1899, soit le cas échéant par application des principes de droit commun en matière de responsabilité (1).

(1) Les dispositions qui précèdent doivent évidemment être appliquées aux travailleurs agricoles appartenant aux classes 1892 et plus anciennes, dont le droit aux permissions vient d'être réglé par

Ces solutions sont très simples, et ne semblent devoir laisser place à aucune difficulté. Il peut cependant, parfois, s'en présenter.

C'est ainsi que certains agriculteurs qui ont obtenu des permissions de 15 jours alors que les travaux pour lesquels ils les avaient sollicitées ont une durée moindre, se croient autorisés à consacrer au repos les jours disponibles.

Mais le Ministre de la Guerre considérant que la permission agricole n'est pas une faveur individuelle, qu'elle correspond à un besoin collectif, leur fait un devoir de travailler non seulement leurs terres, mais aussi celles des combattants du front. Pour leur rappeler ce devoir de solidarité et permettre le cas échéant des mesures de coercition, il a décidé qu'un papillon serait collé sur les titres de permission avec la mention suivante : « Le titulaire de la présente permission est tenu de déférer à toute réquisition du maire de sa commune en vue de collaborer à l'exécution de travaux agricoles. En cas de refus ou de mauvaise volonté il sera signalé à la gendarmerie qui le dirigera immédiatement sur son corps ».

Comment seront indemnisés les accidents survenus au cours des travaux effectués par suite de cette réquisition ? La solution s'impose sans discussion possible. Les militaires blessés dans ces conditions doivent être considérés

la circulaire du Ministre de la Guerre en date du 8 janvier 1917 et à plus forte raison aux agriculteurs de la classe 1889 rendus à la terre jusqu'à nouvel ordre dans les conditions de la circulaire du 12 janvier 1917.

comme blessés en service commandé et indemnisés par l'État de la même manière que leurs camarades mis d'office à la disposition des particuliers ou des communes et dont nous allons étudier en détail la situation.

B) *Militaires mis d'office à la disposition des communes ou des particuliers.*

Nous avons vu plus haut que le nombre des permissionnaires agricoles étant jugé insuffisant pour assurer un bon rendement des cultures, le Ministre de la Guerre fut amené à envisager la constitution d'équipes agricoles destinées à être mises à la disposition des communes ou des particuliers qui feraient la demande de main-d'œuvre militaire.

Toutefois, pensant avec raison que la plupart des professionnels agricoles auraient bénéficié du régime des permissions agricoles, le ministre décida que l'on pourrait faire entrer dans la composition de ces équipes, non seulement des ouvriers agricoles, mais même des militaires qui par suite de leur habitude des travaux manuels seraient susceptibles de rendre des services aux cultivateurs qui voudraient les employer.

Après quelques variations, l'état-major de l'armée détermina la situation des hommes ainsi détachés momentanément de leur corps, en même temps que les conditions dans lesquelles ils seraient mis à la disposition des cultivateurs.

Les militaires destinés à faire partie de ces équipes agricoles devaient être désignés d'office, sur la simple constatation au moyen du livret militaire de leur profession habituelle et de leur aptitude à rendre les services qui leur seraient demandés. Dans la pratique évidemment, les commandants d'unités provoquent les propositions de volontaires ; mais nous ne pensons pas ainsi qu'on le verra plus loin, que le fait pour un militaire de répondre spontanément à l'appel de ses chefs puisse être suffisant pour modifier sa situation vis-à-vis de l'Etat et dégager ce dernier de ses obligations.

Une circulaire du 22 mars 1916 (*Bulletin officiel* du Ministre de la Guerre, 1916, page 268) est venue mettre un terme à toutes les hésitations. Considérant que les travaux agricoles sont ordonnés dans un but d'intérêt national et non en vue de favoriser les intérêts particuliers, elle décide que dorénavant les hommes faisant partie d'équipes agricoles seront considérés comme des militaires en service commandé. En conséquence de cette situation ils doivent percevoir l'intégralité de leur solde militaire au compte de l'Etat.

Toutefois, ils doivent recevoir de leurs employeurs certaines indemnités en nature et en espèces déterminées par une instruction ministérielle du 23 août 1910 (*B. O.*, Ministère de la Guerre, volume XXXI supplément, p. 23).

Aux termes de cette instruction qui règle les conditions dans lesquelles l'armée et ses membres peuvent porter un concours effectif à des œuvres ou entreprises civiles ou se livrer individuellement à des occupations non militaires, les cultivateurs doivent fournir la nourriture aux hommes mis à leur disposition, payer leurs frais de déplacement, et, en outre, leur verser une certaine indemnité en espèces, variable suivant les régions agricoles et déterminées d'après un tableau dressé de concert entre l'administration de la Guerre et le Ministre de l'Agriculture.

Cette dernière indemnité ne doit pas à notre avis être considérée comme un véritable salaire, mais plutôt comme une sorte de prime au travail, puisque sur les sommes qui leur sont ainsi allouées les travailleurs militaires doivent supporter les retenues réglementaires.

Enfin, en considération de la situation ainsi définie par la circulaire ministérielle du 22 mars, une récente instruction du 6 octobre 1916 (*B. O.*, ministère de la Guerre, 1916) a adopté, en matière de règlement des accidents survenus au cours du travail, une solution qui nous paraît rigoureusement logique.

Elle a décidé que les blessures reçues au cours de travaux agricoles par les militaires mis d'office à la disposition des communes ou des particuliers, engageraient la responsabilité de l'Etat.

Les équipiers agricoles étant, d'autre part considérés comme des militaires en service commandé, cette responsabilité ne peut semble-t-il donner lieu qu'à l'allocation des indemnités prévues par la loi du 11 avril 1831 sur les pensions de l'armée de terre ou les décrets du 13 février 1906, 24 mars 1915 sur la réglementation des gratifications de réforme, dans les mêmes conditions que pour tous les autres militaires.

Jadé 6

Cette solution, nous le répétons, est parfaitement logique. Comment pourrait-il en être différemment?

Il serait bien difficile de contester sérieusement aux hommes mis d'office à la disposition des particuliers ou des communes la qualité de militaires en service commandé.

Ils continuent à percevoir leur solde militaire et la prime qu'ils reçoivent de leurs employeurs à titre d'encouragement ne peut être considérée comme un véritable salaire.

Ils ne sont consultés ni sur le choix de leur patron ni sur les conditions du travail, ils sont affectés par ordre de leurs chefs au service de tel ou tel propriétaire qu'ils ne connaissent même pas, et sans qu'ils aient jamais demandé à faire partie des équipes agricoles.

Quand bien même d'ailleurs, l'autorité militaire, ainsi que cela se fait dans la généralité des cas, aurait demandé des volontaires avant de les répartir entre les différentes équipes de la région, nous ne pensons pas que l'on puisse valablement arguer de la bonne volonté de ceux qui se sont proposés librement pour leur refuser la qualité de militaires en service commandé; ou bien alors il faudrait également pour demeurer logique, refuser la pension militaire au combattant du front blessé au cours d'une reconnaissance pour laquelle il s'est offert spontanément.

Mais puisque les accidents survenus au cours du travail aux hommes faisant partie d'équipes agricoles doivent être indemnisés dans les conditions de la législation sur les pensions militaires il n'y a pas lieu de tenir compte des restrictions prévues par la loi du 30 juin 1899. L'Etat est tenu de payer la pension militaire pour tous les accidents qui dans les conditions normales de la vie militaire auraient engagé sa responsabilité.

Le travailleur agricole blessé au champ en maniant une faucille devra donc être indemnisé au même titre que son camarade victime d'un accident occasionné dans la cour de la ferme par la machine à battre mue par un moteur inanimé.

Mais si l'administration de la guerre se considère comme étant seule tenue vis-à-vis des militaires détachés en équipes dans les conditions examinées plus haut, il est bien compréhensible qu'elle ne veuille pas en définitive supporter la charge des indemnités allouées en cas d'accident.

Les travaux agricoles auxquels participent les militaires en question intéressent, il est vrai, la vie de la nation, mais il est évident qu'ils touchent de bien plus près encore aux intérêts privés des propriétaires exploitants.

Il est donc équitable d'exiger de ces derniers le remboursement des sommes payées par l'Etat pour l'indemnisation des accidents survenus au cours des travaux exécutés par leurs ordres, sous leur propre surveillance et dont ils sont les seuls à retirer un bénéfice immédiat.

Aussi l'administration a-t-elle posé à diverses reprises le principe de son recours contre les employeurs responsables, faisant d'ailleurs de la reconnaissance de ce droit une des conditions auxquelles elle consentait à mettre la main-d'œuvre militaire au service des entrepreneurs.

Mais dans quelle mesure doit s'opérer ce recours ?

Nous avons déjà étudié à propos des ouvriers mobilisés dans les usines de la Défense Nationale, sous le régime de la circulaire du 25 juin 1915, les raisons qui avaient décidé l'administration de la Guerre à ne pas exiger des industriels le remboursement intégral des sommes allouées au titre de pensions militaires aux victimes d'accidents du travail, et à les considérer comme tenus seulement dans les conditions de la législation à laquelle les assujettit leur profession.

Elle voulait éviter de retarder la production du matériel de guerre en essayant d'imposer aux fabricants des charges nouvelles et imprécises.

Il n'apparaît pas qu'elle ait eu les mêmes raisons d'accorder une faveur analogue aux exploitants agricoles. Ceux-ci n'auraient sans doute pas laissé périr sur pieds leurs récoltes, plutôt que de courir le risque de payer aux travailleurs mis à leur disposition par le commandement, des pensions calculées au taux militaire. Toutefois, nous ne discuterons pas davantage cette question d'opportunité ; la seule chose qui nous intéresse est de connaître les conditions dans lesquelles l'administration de la guerre entend exercer son recours.

Il résulte d'une réponse faite au *Journal Officiel* par le Ministre du Travail, d'accord avec son collègue de la Guerre, à une question écrite de M. Prat député, en date du 17 juin 1915, « que l'Etat ne met en principe les ouvriers mobilisés à la disposition des chefs d'entreprise, qu'à la condition que ces derniers supportent la charge pécuniaire des sommes qui seraient allouées en cas d'accident, dans les limites prévues par la législation à laquelle les assujettit leur profession ».

Cette réponse est nette, précise et dispense de tout commentaire.

Nous avons terminé l'étude de l'indemnisation des accidents survenus aux deux grandes catégories de militaires participant aux travaux agricoles. Les solutions que nous avons indiquées sont conformes aux décisions prises par l'administration de la guerre, lesquelles ne semblent pas avoir jusqu'à ce jour, soulevé aucune difficulté.

Le conseil d'Etat (section des Finances, de la Guerre, de la Marine et des Colonies) appelé à donner son avis sur la question, a d'ailleurs conclu dans le même sens au cours de sa séance du 20 juillet 1916.

Mais à côté des deux grandes catégories de travailleurs agricoles que nous venons d'étudier, il peut se présenter d'autres situations auxquelles il importe de s'arrêter quelques instants.

C) *Militaires autorisés à travailler chez les cultivateurs voisins des cantonnements, postes, forts, etc.*

Les circulaires de diverses administrations, notamment du Ministre de la Guerre (12 juin 1915) et de son collègue de la Marine (9 août 1916) ont invité les autorités militaires

locales à autoriser et à encourager les militaires sous leurs
ordres, à se mettre à la disposition des cultivateurs du voisinage des cantonnements, forts, postes, etc., pendant les
jours et mêmes les heures où le service les laisse inoccupés.

La question se pose de savoir qui sera responsable —
l'État ou les propriétaires — des accidents survenus à ces
militaires au cours du travail.

A notre avis, cette question, délicate en raison des conditions spéciales du travail, ne peut être tranchée qu'à
propos de chaque cas particulier.

Les tribunaux devront se déterminer suivant les circonstances dans lesquelles le militaire aura été appelé à donner
son concours et les liens qui le rattachent à son employeur.

Il est possible que sans aucune sollicitation ou intervention de la part de ses chefs, l'homme se soit mis spontanément à la disposition d'un particulier.

Il semble que dans ce cas, il aura agi de bonne volonté ;
et qu'il ne pourra se retourner contre l'État pour obtenir la
pension militaire qui ne doit être allouée que dans les cas
de blessures ou infirmités — reçues ou contractées — dans
l'exécution d'un service commandé.

Pour déterminer la responsabilité éventuelle de l'employeur, les juges du fait devront rechercher l'existence
d'un contrat de travail et d'un salaire librement débattu ;
puis ils décideront si l'indemnisation doit avoir lieu dans
les conditions de la législation à laquelle sont assujetties
les parties, ou d'après les règles du droit commun en matière de responsabilité civile,

Mais dans la généralité des cas, l'autorité militaire locale sera intervenue directement, en exécution des circulaires précitées, pour engager les hommes à se mettre à la disposition des cultivateurs. Recevant de ceux-ci des demandes de main-d'œuvre, elles se seront même occupées de recruter des volontaires et de les répartir chez les différents propriétaires des environs.

Nous estimons que cette ingérence des autorités militaires est suffisante pour engager la responsabilité de l'Etat.

En effet, les hommes détachés dans ces conditions sont bien, il est vrai, des volontaires ; mais enfin, ils ont obéi à une suggestion de leurs chefs, ils demeurent à la disposition de ceux-ci qui peuvent les rappeler d'une minute à l'autre, si les besoins du service exigent leur présence au cantonnement ; ils ne connaissent pas leur employeur, et s'ils sont en droit d'attendre de lui une juste rémunération de leurs peines, cette rémunération demeure toujours aléatoire et prendra rarement la forme d'un véritable salaire.

Dans beaucoup de cas d'ailleurs, les accidents n'étant pas occasionnés par une machine dans les conditions exigées par la loi du 30 juin 1899, les employeurs ne seraient pas responsables, et il serait alors vraiment cruel de voir l'Etat se désintéresser du sort des hommes qui ont accepté bénévolement de coopérer pendant leurs instants de repos à la production du pays, sous le prétexte que ces hommes n'auraient pas été commandés expressément pour ce travail.

Nous pensons donc que dans le cas de blessures graves, il serait équitable de leur accorder le bénéfice de la pension militaire ou le cas échéant, d'une gratification de réforme.

D) *Militaires en sursis d'appel pour la conduite des machines.*

Certains spécialistes ont été placés en sursis d'appel d'une durée déterminée, et mis à la disposition des entrepreneurs de battage en vue de la conduite des machines.

Pour connaître leur situation en ce qui concerne le règlement des accidents dont ils peuvent être victimes au cours de leur travail, il suffira de se reporter aux dispositions étudiées, d'autre part, pour les ouvriers mobilisés dans les établissements travaillant pour la Défense nationale.

De même que leurs camarades de l'industrie, ils doivent être considérés comme complètement démobilisés et dans cette situation ils ne peuvent se réclamer que de la législation commune en matière d'accidents du travail.

Voilà à peu près toutes les situations dans lesquelles peuvent se trouver les militaires qui participent aux travaux des champs. Nous devons dire que ces situations sont appelées à subir certaines modifications, en raison de la tendance des pouvoirs publics à considérer les travaux agricoles comme absolument indispensables à la Défense Nationale, et, en conséquence, à se montrer de plus en plus larges en matière de règlement des accidents survenus au cours de ces travaux, au point d'en arriver bientôt peut-être à accorder le bénéfice de la loi du 11 avril 1831 aux travailleurs militaires blessés au cours de permissions agricoles.

IV

OUVRIERS REQUIS EN VERTU DE LA LOI DU 3 JUILLET 1877

L'article 5, § 8 de la loi du 3 juillet 1877, prévoit que
« l'autorité militaire peut requérir les guides, les messagers,
les conducteurs, ainsi que les ouvriers pour tous les travaux
que les différents services de l'armée ont à exécuter ».

Les travaux formidables de retranchement nécessités
par la guerre moderne, les exigences de la fabrication du
matériel de combat, l'importance des moyens de transport
ont multiplié depuis le commencement des hostilités les
requisitions de ce genre. Mais elles ont été exercées sous
des modalités si diverses, que l'indemnisation des hommes
blessés au cours de l'exécution de ces prestations soulève
une foule de questions excessivement délicates.

Nous n'avons pas la prétention d'envisager dans cette
modeste étude toutes les situations qui peuvent se présenter, nous nous contenterons d'examiner les cas qui sont
susceptibles de se produire le plus souvent, et qui pourront
servir de types pour le réglement des diverses affaires de

cette nature. La loi du 3 juillet 1877 ne prévoit pour aucun cas l'indemnisation des hommes blessés au cours des travaux qu'ils effectuent à la suite d'une réquisition de l'autorité militaire, elle se contente de poser leur droit à une certaine rémunération pour les services fournis.

En l'absence d'aucun texte législatif ou même réglementaire, il est donc nécessaire de déterminer les conditions de cette indemnisation en se basant sur les principes généraux du droit pour tirer une solution logique des diverses situations dans lesquelles peuvent se trouver les ouvriers requis.

Pour mettre un peu de clarté dans l'étude rapide que nous allons entreprendre, il serait tout d'abord nécessaire de distinguer les accidents en deux catégories bien distinctes, suivant leur nature : accidents rentrant dans les risques ordinaires de la profession exercée par le prestataire et accidents occasionnés par le feu de l'ennemi.

Pour chacune de ces deux catégories nous distinguerons ensuite suivant la nature de la prestation demandée et enfin, pour chacune des prestations ainsi déterminées, nous étudierons les diverses situations dans lesquelles peut se trouver la victime de l'accident.

§ 1. — Accidents rentrant dans les risques ordinaires de la profession.

L'autorité militaire peut, parfois, requérir simplement l'exécution d'un travail déterminé, sans attacher aucun intérêt à la personnalité de celui qui l'effectue. Elle se contente de désigner l'individu qui sera responsable au cas de non exécution de la prestation.

Cette situation se présente surtout pour les réquisitions de transport de marchandises ou de matériel. Il est évident que dans ce cas il importera peu à l'autorité militaire que le transport soit effectué par telle ou telle personne, sur tel ou tel véhicule pourvu qu'à l'heure dite, les marchandises soient rendues en bon état à l'endroit indiqué.

Le prestataire sera donc absolument libre, ou d'exécuter lui-même le travail ou de le confier à l'un de ses proposés, ou bien encore d'en charger un entrepreneur.

Au cas où il serait victime d'un accident en effectuant lui-même la prestation, il pourrait, semble-t-il, se retourner contre l'Etat pour obtenir une indemnité, mais comment sera déterminée cette indemnité ?

A notre avis il n'y a aucun doute possible : la loi du 3 juillet 1877 n'ayant prévu aucun mode particulier de règlement des accidents survenus dans ces conditions, la victime ne pourra exercer son recours contre l'Etat qu'en vertu des principes du droit commun en matière de responsabilité.

Mais si le préposé d'un entrepreneur chargé par le prestataire d'exécuter à sa place le travail, est victime d'un accident qui sera responsable, le prestataire, l'entrepreneur ou l'Etat ?

Nous pensons qu'en la circonstance, la responsabilité de l'Etat ne saurait être engagée, puisqu'il ignore complètement la victime, n'a jamais traité avec elle et ne lui a donné aucun ordre.

Le prestataire, devant être mis hors de cause [pour le même motif, le blessé ne pourrait se retourner que contre son patron pour lui demander les indemnités prévues par la législation sur les accidents du travail, et auxquelles son contrat lui donne le droit de prétendre. Bien entendu l'entrepreneur qui a agi de son plein gré ne pourrait exercer aucun recours ni contre l'État, ni contre le prestataire.

Enfin, si l'individu requis de fournir le travail était lui-même un entrepreneur et s'il chargeait de l'exécution un de ses employés, nous estimons qu'il devrait prendre à sa charge l'indemnisation des accidents survenus à ce dernier, Dans ce cas, en effet, rien n'est changé ni aux conditions ordinaires du travail, ni aux relations du patron avec son employé et le règlement devrait être effectué par application de la loi du 9 avril 1898.

Le prestataire n'aura-t-il aucun recours contre l'État ? En principe non. L'autorité militaire n'est en somme dans la circonstance qu'un client ordinaire, plus pressé que les autres peut-être, et plus exigeant, mais enfin un client qui comme les autres rémunère les services rendus.

Toutefois, il semble que dans certains cas particuliers le recours serait possible, si l'autorité militaire avait exigé l'exécution de la prestation dans de mauvaises conditions, par exemple en faisant mettre en route un voiturier surmené ou des chevaux fourbus. Il y aurait là évidemment une aggravation des risques de la profession, de nature à engager la responsabilité de l'Etat, et dont l'appréciation appartient souverainement aux tribunaux. Nous verrons plus loin que cette responsabilité serait encore engagée de façon certaine, au cas où l'exécution de la prestation obligerait l'intéressé à fréquenter la zone exposée au feu de l'ennemi.

Examinons maintenant la situation des hommes requis personnellement, en raison de leur profession et de leurs aptitudes spéciales, ou encore, parce qu'il est nécessaire de rassembler le plus grand nombre possible de travailleurs.

La situation devient ici plus délicate : l'intéressé pouvant être requis de travailler directement sur les ordres de l'autorité militaire ou bien de demeurer au service de son employeur habituel ou encore de se mettre à la disposition d'un entrepreneur déterminé.

L'individu blessé au cours de l'exécution d'un travail ordonné par l'autorité militaire et effectué sous la surveillance de ses préposés a certainement droit à une indemnité. Mais comment sera-t-elle déterminée ?

Certains soutiennent qu'elle devra être calculée dans les conditions de la loi du 9 avril 1898. Tout en reconnaissant que le prestataire n'est pas libre de refuser le travail pour lequel il est requis, ils estiment que l'on trouve dans la rémunération qui lui est accordée les éléments d'un salaire à prix débattu, puisque, disent-ils, si l'intéressé ne juge pas à propos d'accepter cette rémunération il est libre de porter la contestation devant les tribunaux.

Ils admettent même que cette rémunération a le carac-

tère d'une indemnité, mais comme elle doit être représen-
tative du dommage qui résulte pour l'intéressé de l'impossibilité où il se trouve du fait de la réquisition de travailler
à son métier, ils estiment qu'elle équivaut en définitive au
salaire courant de la profession.

On pourrait objecter tout d'abord que l'ouvrier n'est pas
toujours requis pour des travaux de sa profession, et que
l'on peut voir des commerçants ou même des rentiers
obligés de concourir à des travaux de terrassements. La
rémunération qu'ils reçoivent n'est pas nécessairement re-
présentative du revenu ordinaire de leur profession.

Mais le véritable argument contre cette solution est,
semble-t-il, l'absence d'aucun contrat de louage (1). Ce lien
juridique qui manque incontestablement dans les rapports
de l'ouvrier requis avec l'Etat est cependant une condition
essentielle de l'assujettissement à la législation sur les accidents du travail. (V° Sachet, *Traité théorique et pratique
de la législation sur les accidents du travail*, t. Ier, p. 101
— et de nombreuses décisions de jurisprudence, notam-
ment : Toulouse, 1er mars 1900. — *Gaz. du Palais*, 1900,
1, 594. — Cour de Paris, 21 juillet 1900. D., 1900, 2, 157.
— Cass. Req., 2 décembre 1900. S., 1902, 1, 404. — D.,
1902, 1, 181. — 27 juillet 1903. S., 1905, 1, 270, X).

(1) V° à ce sujet. Avis du comité consultatif, rapp. *Bulletin Min.
Intérieur* (1900, p. 414) :

« Ces prestataires ne sont pas des ouvriers dans le sens de notre
loi, car les prestations sont un service public, sans contrat de
louage d'ouvrage entre les contribuables qui les exécutent et les
communes qui les requièrent » (SACHET, t. Ier, n° 188).

Or, l'ouvrier requis n'est pas libre de refuser le travail ; s'il tentait de se dérober à l'ordre qu'il reçoit de l'autorité militaire, il se verrait appliquer les sanctions rigoureuses prévues par l'article 21 de la loi du 3 juillet 1877 et qui peuvent comporter en temps de guerre un emprisonnement de dix jours à cinq ans dans les termes de l'article 194 du code de Justice militaire.

Dans ces conditions, nous pensons qu'il ne pourrait obtenir de l'État l'indemnisation des accidents dont il serait victime au cours de l'exécution de la prestation qu'en vertu des règles du droit commun en matière de responsabilité.

Une solution, différente doit à notre avis, être appliquée au règlement des accidents qui surviennent aux ouvriers requis de mettre leurs services à la disposition d'un entrepreneur, ou maintenus d'office dans l'établissement où ils travaillent habituellement.

Cette dernière situation est de beaucoup la plus fréquente. Elle se présente souvent dans les usines de guerre où certains spécialistes désireux de quitter l'atelier pour aller chercher à côté un embauchage plus avantageux y sont retenus par l'effet d'une réquisition, si leur présence est jugée indispensable à la défense nationale.

On a beaucoup discuté la légalité de cette mesure. Elle ne paraît cependant pas faire de doute, et il semble bien qu'en exerçant le droit de réquisition dans ces conditions, l'autorité militaire demeure parfaitement dans les limites du § 8 de l'art. 5 de la loi du 3 juillet 1877.

Mais qui va être responsable des accidents survenus à ce personnel au cours du travail, et sur quelles bases seront calculées les indemnités.

Nous pensons que dans ce cas il n'y a pas lieu de considérer comme rompu le contrat de travail primitivement conclu. Le patron à la disposition duquel est maintenu l'intéressé afin de lui permettre l'exécution des commandes qui lui sont passées dans l'intérêt de la Défense nationale peut, évidemment, refuser de conserver l'ouvrier qui ne donne pas satisfaction et qui ne lui est pas imposé.

D'autre part, il continue à lui payer le salaire normal et courant. Enfin, il conserve seul la direction du travail, élabore ses règlements d'atelier et organise le travail en dehors de toute intervention de l'autorité militaire. Les conditions du travail ne sont donc pas modifiées en définitive, et le patron devra être tenu pour responsable dans les limites de la législation sur les accidents du travail, sans que l'intéressé puisse se retourner contre l'Etat pour obtenir une indemnisation dans d'autres conditions.

Il en serait évidemment de même pour le cas où l'ouvrier n'aurait pas appartenu à l'Etablissement, mais serait mis de force à la disposition de l'industriel par l'effet d'une réquisition. Il se trouverait également placé sous le régime du contrat de travail, et ne pourrait rien réclamer à l'Etat qui en le réquisitionnant n'aurait joué en somme que le rôle d'un embaucheur pour le compte d'autrui.

Voilà donc les conditions dans lesquelles devront être réglés les accidents ordinaires dont sont victimes les ouvriers requis dans les diverses situations où ils peuvent se trouver.

Il nous reste à examiner les solutions qui devront être apportées au règlement des accidents occasionnés aux ouvriers de ces différentes catégories par le feu de l'ennemi.

§ 2. — Accidents occasionnés par le feu de l'ennemi.

Nous avons étudié au chapitre II la question de l'indemnisation des accidents occasionnés par le feu de l'ennemi aux ouvriers de l'industrie ou embauchés librement par l'autorité militaire. Nous avons vu que les hommes blessés dans ces conditions pouvaient réclamer le bénéfice de la loi du 28 avril 1916, en attendant le vote de la loi sur l'indemnisation des victimes civiles de la guerre. Mais cette indemnisation est exclusive de toute idée de responsabilité de l'Etat.

Il est équitable certes de dédommager les victimes de faits de guerre, mais nous ne pensons pas qu'ils aient un droit absolu à cette indemnité.

Les ouvriers requis atteints par le feu de l'ennemi au cours de leur travail sont-ils dans une situation différente ?

Assurément oui. — En leur donnant l'ordre formel de travailler dans une zone dangereuse, où ils se trouvent exposés aux coups de l'ennemi, l'autorité militaire engage certainement la responsabilité de l'Etat. Il n'y a donc pas lieu de distinguer ici, suivant que l'on n'aura requis que l'exécution d'une prestation sans attacher d'importance à la personne qui l'effectue, ou suivant que l'on exige les services personnels d'un individu.

On ne doit pas distinguer davantage suivant la qualité du prestataire, entrepreneur, salarié de l'Etat ou d'une industrie privée.

Dans tous les cas nous estimons que la responsabilité de l'Etat est nettement engagée par le fait même de l'exercice du droit de réquisition, et que les victimes d'accidents causés par le feu de l'ennemi devront être indemnisées par lui dans les conditions du droit commun en matière de responsabilité.

Nous signalerons, avant de terminer, que les différentes solutions que nous venons d'indiquer ne sont pas toujours admises par l'administration de la guerre.

Contrairement à la théorie que nous venons de soutenir, elle estime que les ouvriers requis sont placés sous le régime du contrat de travail, lorsqu'ils exécutent leurs prestations sous l'autorité des préposés de l'Etat.

En conséquence, elle leur alloue les indemnités prévues par la loi du 9 avril 1898 sur les accidents du travail. Elle adopte la même solution pour le règlement des accidents occasionnés par le feu de l'ennemi.

Toutefois, conformément à l'opinion que nous avons émise ci-dessus, elle laisse à la charge des chefs d'entreprise l'indemnisation dans les conditions de la loi du 9 avril 1898, des accidents survenus à des ouvriers mis par suite de réquisition à leur disposition ou maintenus de force dans leurs exploitations.

Nous avons fini l'étude des diverses situations dans lesquelles peuvent se trouver les ouvriers requis au point de vue de l'indemnisation des accidents du travail. Dans le chapitre suivant nous examinerons plus en détail la situation de ceux d'entre eux qui appartiennent aux services de la navigation fluviale.

V

MARINIERS ET ÉQUIPAGES DE REMORQUEURS

Tout le monde connaît désormais l'importance du rôle que joue dans les guerres modernes la question des transports et nous savons que dès les premiers jours de la mobilisation, l'autorité militaire a laissé dans leurs fonctions du temps de paix quantité d'ouvriers et d'employés chargés d'assurer la marche des services de la voie ferrée.

Mais les chemins de fer ne sont pas les seuls moyens de transport. Dans un pays comme la France sillonné de nombreuses rivières et de canaux praticables, la navigation fluviale n'est pas un élément négligeable ; aussi les mesures propres à en assurer le bon fonctionnement dans l'intérêt de la défense nationale ont-elles été envisagées même avant l'ouverture des hostilités.

C'est ainsi que la loi du 3 juillet 1877, article 55, a prévu qu'en cas de mobilisation partielle ou totale de l'armée, « l'exploitation des voies navigables désignées par le ministre de la Guerre se ferait sous la direction de l'autorité militaire par les services de navigation ou par des troupes spéciales ; que sur les voies ainsi désignées et sans préjudice des réquisitions qui peuvent être adressées par l'intermédiaire des maires, par application des articles 4 et 19 de la dite loi pourraient être requis directement sous forme, soit de prestations, soit d'acquisitions, les bateaux de toute nature, chargés ou non, les équipages et en général le personnel, le matériel et les fournitures de toute nature nécessaires à la dite exploitation... »

La question de l'indemnisation des accidents survenus au personnel marinier ainsi mis à la disposition de l'autorité militaire s'est donc posée dès la mobilisation, soulevant de multiples problèmes absolument nouveaux.

Pour plus de clarté nous diviserons cette étude en deux grands paragraphes, examinant dans le premier les accidents qui rentrent dans les risques ordinaires de la profession et dans le second les accidents occasionnés par le feu de l'ennemi.

Pour chacune de ces deux catégories nous étudierons les solutions applicables aux diverses situations dans lesquelles peuvent se trouver les bateliers victimes de ces accidents.

Ces situations sont multiples. La loi du 3 juillet 1877, prévoyant la réquisition en bloc du matériel et des équipages, ceux-ci sont requis tels qu'ils se trouvent composés, des éléments les plus divers et les solutions doivent varier suivant qu'il s'agit de patrons propriétaires de leurs bateaux ou de salariés, de mariniers requis ou embauchés dans les conditions normales, d'hommes mobilisés ou dégagés de toutes obligations militaires.

A) *Accidents rentrant dans les risques ordinaires de la profession.*

Depuis la mobilisation le ministre de la Guerre a la haute main sur les transports fluviaux, il les organise au mieux des intérêts de la Défense et donne par les commissaires de la navigation les ordres nécessaires à leur bon fonctionnement. Comme nous venons de le voir, il a requis les équipages en même temps que le matériel. Dans le personnel passé ainsi sous les ordres de l'autorité militaire, se trouvent des hommes dans des situations absolument différentes suivant le point de vue auquel on se place.

La première question qui vient tout naturellement à l'esprit, celle qu'il semble y avoir intérêt à résoudre la première, est celle des rapports de ces hommes avec l'autorité militaire. Sont-ils purement et simplement des militaires, dont elle peut disposer comme de ceux appartenant aux formations de combat, sont-ils restés des civils ou bien encore sont-ils placés dans la position des ouvriers mobilisés détachés de leurs corps pour être affectés aux travaux industriels dans les conditions de l'art. 6 de la loi du 17 août 1915 ?

On ne pourrait évidemment faire une réponse unique à cette question. Il faut tout d'abord distinguer suivant que les hommes dont on veut déterminer la situation appartiennent ou non à des classes mobilisées ou mobilisables.

Pour ceux d'entre eux qui sont dégagés de toutes obligations militaires il ne saurait y avoir aucun doute sur leur situation.

Qu'ils agissent en vertu d'un contrat de travail librement consenti ou qu'ils soient à la disposition de leur patron par suite d'une réquisition qui leur aurait été adressée par l'autorité militaire, on ne peut les considérer que comme des civils.

A quelles indemnités pourront-ils donc prétendre au cas où ils seraient victimes d'un accident au cours de leur travail, et à qui devront-ils s'adresser pour en obtenir le paiement ?

Ici encore une distinction s'impose.

Pour les bateliers dégagés de toutes obligations militaires et embauchés volontairement par leurs patrons, la question doit être résolue par l'application de la loi du 9 avril 1898. Rien n'a été changé à leur contrat de travail passé dans des conditions normales, ils devront donc recevoir les indemnités forfaitaires de la loi précitée.

Ces indemnités ne pourront évidemment être dues que par celui avec lequel ils auront contracté, c'est-à-dire le patron qui a loué leurs services et leur paie un salaire.

Cette solution ne semble pas faire de doute si le patron est lui-même dégagé d'obligations militaires, mais *quid* au cas où il est mobilisé ?

Il ne serait pas possible, semble-t-il, de considérer comme un employeur responsable le patron marinier mobilisé. Il devrait être tenu plutôt pour un simple préposé de l'administration et l'indemnisation des accidents survenus au cours du travail à quelque membre de son équipage dégagé d'obligations militaires et embauché par lui dans les conditions ordinaires du travail devrait, à notre avis, incomber à l'Etat.

Les bateliers dégagés de toutes obligations militaires ne sont pas toujours embauchés par des patrons mariniers.

Leurs services peuvent être loués par les préposés de l'administration qui leur paie directement le salaire et les place dans des embarcations dirigées par ses agents directs. Dans ce cas, l'indemnisation des accidents du travail devra demeurer à la charge de l'Etat.

La question est plus délicate encore en ce qui concerne l'indemnisation des bateliers requis.

Nous estimons qu'en principe leur situation au cas d'accident doit être réglée d'après les principes posés ci-dessus à propos des ouvriers requis par l'autorité militaire.

Si donc l'intéressé a été requis pour travailler effectivement sous la direction et la surveillance des agents de l'autorité militaire, on ne pourra lui faire application de la loi du 9 avril 1898, et au cas d'accident du travail il devra être indemnisé dans les conditions du droit commun en matière de responsabilité.

Il est bien évident que dans le cas d'une réquisition des services personnels d'un individu, il n'y a pas lieu de distinguer suivant que la victime est habituellement un patron ou un marinier salarié. Quelle que soit sa situation, à cet égard, il devra, au cas d'accident du travail survenu dans l'exercice normal de la profession, être indemnisé suivant les principes posés ci-dessus.

Mais tout au contraire, si le marinier a été requis de se mettre à la disposition d'une compagnie de navigation ou d'un patron quelconque, on doit considérer que l'administration ne fait en la circonstance qu'un acte de recrutement, et qu'elle entend placer le batelier requis dans les conditions ordinaires du travail. Travaillant sous l'autorité et la surveillance exclusive du chef d'entreprise ou de ses agents, recevant de lui un salaire courant il doit être indemnisé par ce dernier dans les conditions de la législation sur les accidents du travail, en dehors de toute intervention de l'administration qui n'a fait en somme qu'embaucher (embauchage à la manière forte il est vrai) pour le compte d'un tiers.

C'est une situation identique à celle que nous avons examinée déjà pour les ouvriers requis par l'autorité militaire dans les usines de la Défense nationale.

Il nous reste à examiner, toujours au point de vue de l'indemnisation des accidents rentrant dans les risques habituels de la profession, la situation des mariniers mobilisés ou appartenant à une classe mobilisable.

Cette situation est plus nette et a été prévue par les règlements du temps de paix.

L'instruction du 20 juin 1910 relative aux hommes de troupe de la disponibilité et des réserves (*Bulletin officiel* du ministère de la Guerre, E. M. vol. LXXI, p. 3), dispose que les agents des services de la navigation non classés dans la non affectation ou dans la non-disponibilité et les hommes employés sur les voies navigables, agents et employés qui doivent être maintenus temporairement dans leur service au moment de la mobilisation doivent être munis de fascicules S et S¹. (note sous l'art. 64, *op. cit.*, p. 48). Les fascicules de ce modèle sont ceux qui doivent être attribués aux hommes employés temporairement à un service spécial militaire quelconque.

D'autre part, une instruction du 29 décembre 1915 (ministères de la Guerre et des Travaux publics) concernant la discipline du personnel de la batellerie précise que les mariniers munis de fascicules de mobilisation S et S¹ ne doivent pas être considérés comme démobilisés, mais comme affectés à un service militaire ayant son organisation particulière.

D'ailleurs, aux termes d'un avis du Comité du contentieux du ministre de la Guerre en date du 8 décembre 1915, les hommes munis de fascicules S et S¹ sont justiciables des Conseils de guerre : 1° pour les crimes et délits prévus par le titre II du Livre IV du Code de justice militaire dans les circonscriptions qui, malgré l'ordre de mobilisation, sont encore en état de paix ;

2° Pour tout crime ou délit dans les circonscriptions déclarées en état de guerre par décret du chef de l'État.

Or, il y a lieu de remarquer, que les crimes et délits, visés au Titre II du Livre IV du Code de justice militaire sont les crimes et délits militaires et que les pénalités prévues, permettraient, le cas échéant, d'assurer une répression rigoureuse, notamment en cas d'abandon du poste (art. 213), refus d'obéissance pour tout service ordonné par un supérieur (art. 218), violation d'une consigne (art. 219), voies de fait envers un supérieur (art. 223), etc.

Enfin, l'instruction précitée du 29 décembre 1915 et celle du 1er mars 1916 disposent que les hommes, munis de fascicule S et S', sont soumis aux dispositions de l'article 271 du Code de justice militaire concernant les contraventions de police commises par les militaires et les infractions aux règlements relatifs à la discipline.

Tous ces textes ne semblent laisser aucun doute sur la situation des hommes dont il s'agit.

Ils doivent être considérés comme des militaires au même titre que leurs camarades appartenant aux formations de combat, et régulièrement ils ne doivent donc recevoir que leur solde militaire.

On nous objectera, on nous a déjà objecté que la situation de ces mobilisés est, en fait, exactement la même que celle des militaires détachés en vertu de l'article 6 de la loi du 17 août 1915 dans les usines travaillant pour la Défense nationale, puisqu'ils continuent à toucher un salaire et travaillent sous l'autorité de leurs patrons.

Mais nous ne pensons pas que cette situation de fait puisse ainsi se substituer à la situation juridique nettement établie des intéressés.

D'autre part, il ne faut pas oublier que les mobilisés détachés dans l'industrie privée accomplissent une besogne purement civile, tandis que les mariniers appartiennent à un véritable service militaire dont l'organisation paraît identique à celle des chemins de fer de campagne.

Le personnel militaire des sections de chemins de fer de campagne est indemnisé au cas d'accident d'après les règles de la législation sur les pensions militaires et la réglementation sur les gratifications de réforme. C'est une solution qui découle logiquement de la situation des militaires appartenant à ces formations, nous ne pensons pas qu'il y ait aucune raison sérieuse de traiter différemment le personnel militaire de la batellerie.

Nous croyons pouvoir affirmer que cette solution est celle adoptée par le ministre de la Marine en ce qui concerne les bateliers ressortissant à son administration. Le ministre de la Guerre a été d'un avis différent et a considéré que les bateliers et équipages de remorqueurs munis de fascicules S et S¹ se trouvent dans la situation envisagée par le § 3 de l'article 42 de la loi du recrutement, des hommes de différentes catégories des réserves employés en temps de paix à certains services et dont la présence est indispensable au bon fonctionnement de ces services.

Plus loin nous indiquerons les décisions prises à cet égard par l'administration de la guerre en conséquence de cette opinion.

Nous allons examiner maintenant les conditions de l'indemnisation des accidents occasionnés aux différentes catégories de bateliers par le feu de l'ennemi.

B) *Accidents occasionnés par le feu de l'ennemi.*

Nous avons vu que l'exploitation des voies navigables constituait depuis la mobilisation et en vertu de la loi du 3 juillet 1877 un service militaire spécial, en quelque sorte parallèle à l'organisation des transports par voie ferrée. On ne s'étonnera donc pas que l'autorité militaire en tire pendant la guerre le plus grand rendement possible et utilise ces puissants moyens de ravitaillement pour le service des armées en campagne.

Les convois organisés dans ce but peuvent donc être appelés à pénétrer dans la zone immédiate des opérations où ils sont exposés au feu direct de l'ennemi. La question se pose de savoir qui doit être responsable des accidents survenus dans ces conditions.

A notre avis, les solutions doivent différer de celles qui peuvent être adoptées pour le règlement des accidents rentrant dans les risques habituels de la profession, mais nous devrons encore toutefois nous reporter aux distinctions établies dans le paragraphe précédent.

Pour les mariniers patrons ou salariés appartenant à des classes mobilisées ou mobilisables et munis de fascicules S et S', la question est facile à résoudre.

Qu'ils soient victimes d'accidents occasionnés par le feu de l'ennemi ou rentrant dans les risques ordinaires de la profession, on doit les considérer comme des militaires blessés en service commandé. Par suite ils ne peuvent être indemnisés que par l'Etat, et dans les conditions de la loi du 11 avril 1831 sur les pensions militaires et les décrets des 13 février 1906, 24 mars 1915 sur la réglementation des gratifications de réforme.

En ce qui concerne les mariniers dégagés de toutes obligations militaires, nous devrons distinguer la situation des patrons de celle des salariés.

Les premiers sont nécessairement placés sous le régime de la réquisition. Ils ne pourraient sans encourir les rigueurs de la loi se soustraire aux ordres qu'ils reçoivent des commissaires de la navigation. La responsabilité de l'Etat est donc engagée au cas où ils sont atteints au cours de l'accomplissement de leur mission par des projectiles ennemis.

Mais dans quelles conditions cette responsabilité sera-t-elle déterminée? Il ne saurait être fait application ici de la loi du 9 avril 1898, puisque les intéressés ne sont pas liés à l'Etat par un contrat de travail, d'autre part, la loi du 3 juillet 1877 n'a pas prévu un système particulier d'indemnisation des hommes blessés au cours des prestations qu'ils accomplissent en vertu d'un ordre de réquisition.

Cette responsabilité ne pourra donc semble-t-il s'exercer que dans les conditions du droit commun, et il appartiendra aux tribunaux civils d'en déterminer les limites en tenant compte de tous les éléments d'appréciation.

La solution sera différente pour les mariniers-salariés, et elle variera suivant que la victime est un batelier engagé librement par son patron dans les conditions ordinaires et d'après les usages de la profession.

Lorsque les premiers sont atteints par le feu de l'ennemi, on ne peut évidemment mettre en jeu la responsabilité du chef d'entreprise et la loi du 9 avril 1898 ne pourrait être appliquée au règlement des accidents survenus dans ces conditions (Voir ouvriers atteints par le feu de l'ennemi).

La responsabilité de l'Etat ne pourrait être davantage engagée, puisque ses agents sont restés étrangers à la conclusion du contrat qui lie la victime à ses employeurs.

Le blessé ne pourra donc, à notre avis, se réclamer que de la législation qui sera appliquée au règlement des indemnités à allouer aux victimes civiles de la guerre, lorsque les Chambres auront arrêté une disposition ferme à cet égard. En attendant il pourra bénéficier du régime établi par la loi du 28 avril 1916, qui étend le bénéfice des disposition de la loi du 5 août 1914 aux victimes non militaires de faits de guerre.

Les ouvriers requis effectivement par l'autorité militaire doivent être traités différemment. Ils ne peuvent se soustraire à l'ordre qu'ils reçoivent, l'autorité militaire en les obligeant à s'engager dans une zone dangereuse encourt évidemment une responsabilité certaine. Mais nous venons de voir que la loi du 3 juillet 1877 n'a pas prévu de dispositions spéciales concernant la détermination de cette responsabilité. En l'absence d'aucun texte législatif ou même réglementaire, il ne saurait donc en la circonstance être fait application d'autres règles que celles du droit commun.

Nous avons terminé l'étude de la situation au point de

vue des accidents du travail des différentes catégories de personnel des équipages de la batellerie.

Nous devons dire que les solutions que nous venons d'indiquer ne sont pas toujours celles qui ont été adoptées par l'administration de la guerre.

Comme nous, elle distingue suivant que l'accident est occasionné par le feu de l'ennemi ou rentre dans les risques ordinaires de la profession.

Dans le premier cas, elle estime que la responsabilité de l'Etat est toujours engagée, et qu'il devra toujours, quelle que soit la situation de la victime, l'indemnisation des accidents occasionnés par des faits de guerre.

Dans le second cas, elle semble vouloir poser en principe que le règlement des accidents sera effectué d'après les règles posées par la loi du 9 avril 1898.

C'est pourquoi elle établit une sous-distinction suivant que la victime de l'accident est un patron marinier ou un salarié.

Ce dernier est d'après elle, qu'il soit requis ou mobilisé, placé en fait dans les conditions ordinaires du travail, il se trouve donc assujetti à la loi du 9 avril 1898.

Seuls, par conséquent, les patrons, qu'ils soient requis ou mobilisés, sont responsables des indemnités qui seront dues par application de ladite loi aux équipages salariés.

Quant aux patrons victimes d'accidents rentrant dans les risques ordinaires de l'exploitation, l'administration les considère également comme demeurés dans les conditions habituelles de l'exercice de leur profession et leur refuse,

Jadé   8

par conséquent, le droit à toute indemnité, qu'ils soient requis ou mobilisés.

Ces dernières nous paraissent trop rigoureuses, nous ne nous attarderons pas, toutefois, à les discuter, les arguments exposés ci-dessus nous paraissant suffisants pour légitimer les solutions que nous avons cru devoir recommander.

Il est possible d'ailleurs qu'à l'occasion du règlement de cas particuliers l'administration de la guerre ne soit amenée à se départir des règles trop étroites qu'elle a posées.

Mais en cette matière comme sur toutes les questions tendant à l'application de la législation sur les accidents du travail, le dernier mot doit être aux tribunaux, nous ne pouvons donc que souhaiter qu'ils établissent le plus rapidement possible une jurisprudence sur cette question de l'indemnisation des accidents dont sont victimes les mariniers.

VI

Dans une lutte longue et sans merci comme celle que se livrent aujourd'hui les peuples de l'Europe, aucune ressource n'est à négliger, aussi les pays qui, comme la France et l'Angleterre, possèdent de vastes colonies ont-ils été amenés de bonne heure à puiser dans les immenses réservoirs d'hommes de leurs possessions de toutes les parties du monde.

Et c'est ainsi que nous avons pu voir débarquer tour à tour dans nos ports, des spécimens de toutes les races de la terre.

Les uns sont venus fièrement combattre à nos côtés et donner au monde le spectacle magnifique des prétendus sauvages, luttant avec l'héroïsme que l'on sait, pour la cause du droit contre la nation barbare qui avait la prétention d'incarner la civilisation et la culture.

D'autres, et c'est le plus grand nombre, sont venus

peupler nos usines de guerre. Ils sont maintenant légion, et leurs effectifs ne cessent de croître chaque jour.

Des missions spéciales les recrutent en général sur place, et les agents de l'Etat passent avec eux, avant de les amener en France, des contrats d'embauchage dont les conditions varient sensiblement suivant l'origine des intéressés.

Ces contrats peuvent, toutefois, être ramenés à deux types principaux : les contrats de travail proprement dits et les contrats d'engagement militaire.

Nous ne ferons que mentionner ces derniers qui ne nous intéressent pas directement. Ils concernent spécialement les ouvriers annamites et ont été déterminés par un règlement du ministre de la Guerre en date du 12 janvier 1916.

Les ouvriers dont il s'agit sont des militaires, ils touchent une solde militaire suivant leur grade, augmentée d'une certaine prime de travail. Les accidents dont ils peuvent être victimes en service commandé, doivent donc être indemnisés dans les conditions de la réglementation sur les pensions militaires indigènes, à l'exclusion de la législation sur les accidents du travail.

Les industriels qui emploient ce personnel ne craindront pas d'ailleurs de commettre d'erreur à leur sujet, puisque dans les traités qu'ils passent avec l'Etat en prenant à leur service des ouvriers militaires annamites, cette situation est spécifiée en même temps que l'on prescrit le paiement par l'employeur d'une prime journalière fixée à forfait, et destinée à couvrir l'Etat des risques d'accident du travail.

On remarquera que les ouvriers militaires annamites ne

sont jamais placés sous le régime de l'article 6 de la loi du 17 août 1915, même lorsqu'ils sont mis à la disposition des industries privées.

Cela tient uniquement aux conditions particulières d'engagement de ces travailleurs qui ont tenu à demeurer toujours dans leur situation de militaires.

En aucun cas, qu'ils soient employés dans les établissements de la guerre ou mis au service d'entreprises privées, on ne doit leur faire application des dispositions de la loi du 9 avril 1898.

La même solution sera évidemment appliquée aux hommes appartenant à des formations de tirailleurs, qui sont employés à des corvées dans les usines de guerre, mais qui continuent à toucher leur solde militaire.

Tous les autres ouvriers coloniaux, appartenant aux races les plus diverses, Kabyles, Marocains, Cambodgiens, Annamites, etc., sont des civils, embauchés toutefois dans des conditions différentes.

En principe ils sont recrutés directement par les agents de l'Etat qui leur font conclure des contrats d'une durée variable.

Ils sont ensuite amenés en France aux frais de l'Etat et placés dans des dépôts et centres de rassemblement où ils sont habillés et attendent, toujours aux frais de l'Etat, d'être dirigés sur les établissements de la guerre ou les exploitations privées qui en font la demande.

Les conditions d'embauchage des travailleurs coloniaux ont été déterminées par diverses instructions du ministre de la Guerre, notamment un règlement du 9 février 1916, et tout récemment un décret du président de la République en date du 14 septembre 1916 a prévu une levée considérable d'ouvriers en Algérie, soit au moyen d'engagements volontaires, soit par voie de réquisition. Une instruction interministérielle a précisé les conditions d'application de cette mesure (Voir le décret et l'instruction au *Journal Officiel*, du 17 septembre 1916, p. 8208 à 8220).

Tous ces ouvriers, nous l'avons déjà dit, sont embauchés au titre civil, et leurs contrats prévoient les diverses prestations auxquelles ils ont droit.

Celles-ci comportent en général l'allocation d'une prime d'engagement payable par moitié à la conclusion et à l'expiration du contrat, de certains effets d'habillement et de leur remplacement, la gratuité du voyage à l'aller et au retour, sauf au cas de rupture du contrat par la faute de l'ouvrier. En outre, un salaire en espèces leur est assuré, variable suivant leurs aptitudes professionnelles ; ils ont toujours droit à la nourriture, au logement et à l'hospitalisation gratuite au cas de maladie et enfin, il est spécifié qu'ils ont droit au bénéfice de la législation sur les accidents du travail.

Un traité passé par l'Etat avec les employeurs détermine les charges que ceux-ci devront supporter. Elles comprennent en général le paiement d'un salaire en espèces équivalent à celui qui est prévu au contrat d'embauchage, la nourriture, le logement, et enfin certains versements journaliers fixés à forfait suivant le nombre d'ouvriers coloniaux employés, et destinés à couvrir dans une certaine mesure l'Etat des frais accessoires qui demeurent à sa charge (recrutement, transport, primes, vêtements, etc.). Il est 'enfin prévu que l'employeur sera seul responsable au cas d'accident du travail des indemnités auxquelles conduit l'application de la législation ouvrière.

Dans ces conditions, il semble que le règlement des accidents du travail survenus au personnel colonial des usines de guerre ne devrait donner lieu à aucune difficulté ; et cependant une foule de questions assez délicates sont chaque jour soulevées à ce sujet.

Nous n'avons pas la prétention d'étudier ici toutes celles qui se sont présentées ni surtout de prévoir la solution de celles qui pourraient se poser dans l'avenir.

Nous nous contenterons d'examiner les cas qui sont susceptibles de se présenter le plus souvent et surtout les situations qui paraissent nées avec la guerre.

On sait que la loi du 9 avril 1898 ne s'applique dans toute sa plénitude qu'aux ouvriers français, qu'elle édicte des dispositions spéciales pour l'indemnisation des ouvriers qui quittent le territoire français, et qu'elle refuse toute allocation aux ayants droit de l'ouvrier étranger qui ne réside pas en France au moment de l'accident (art. 3, § c).

Aussi la question s'est-elle posée de savoir si les travailleurs indigènes devaient être considérés pour l'application de la loi précitée comme des ouvriers français ou des ouvriers étrangers. Le ministre du Travail et de la Prévoyance sociale, consulté sur la question par une lettre en date du 13 juin 1916 du directeur de la caisse syndicale des Forges de France, a fait connaître son avis en ces termes :

« En ce qui concerne les dispositions finales de l'article 3 relatives aux ouvriers étrangers ou à leurs ayants droit ne résidant pas ou cessant de résider sur le territoire français, elles ne me paraissent pas, toujours sous réserve de l'interprétation des tribunaux judiciaires, pouvoir être appliqués aux ouvriers annamites, malgaches, originaires de l'Afrique du Nord, etc., au cas où ils quitteraient le territoire métropolitain pour retourner chez eux.

« La question ne semble pas douteuse pour l'Algérie qui constitue incontestablement un territoire français dans les termes de l'article 3 précité. D'autre part, les indigènes algériens non naturalisés Français, tout en n'étant pas citoyens français, sont néanmoins des Français aux termes de l'article premier du senatus-consulte du 14 juillet 1865 et à ce titre ne sauraient être considérés comme ouvriers étrangers.

« Quoique la question soit plus délicate en ce qui concerne les pays de protectorat (Maroc et Tunisie), la solution me paraît devoir rester la même, puisque l'article 6 des traités de Cassar-Saïd du 12 mai 1881 et de Fez du 30 mars 1912 décident qu'à l'étranger ce sont les agents diplomatiques et consulaires de la France qui sont chargés de la représentation et de la protection des sujets et des intérêts tunisiens ou marocains ». (*Bulletin des usines de guerre*, n° 15, 7 août 1916, p. 118.)

Nous partageons entièrement l'avis de M. le ministre du Travail en ce qui concerne les indigènes de l'Algérie.

L'article 1er du senatus-consulte du 14 juillet 1865, spécifie nettement que les indigènes musulmans sont Français...

Qu'ils peuvent être admis à servir dans les armées de terre et de mer, qu'ils peuvent être appelés à des fonctions et à des emplois civils en Algérie. D'autre part, ils sont admis au même titre que les Français à participer aux adjudications de fournitures du département de la guerre ; ils doivent donc bénéficier comme nos nationaux de tous les avantages de la législation sur les accidents du travail.

Mais nous ne croyons pas devoir suivre la théorie de l'administration reproduite ci-dessus au sujet de l'application de la loi du 9 avril 1898 aux travailleurs originaires des pays de protectorat.

En fait il est certain que ces pays ont perdu leur autonomie intérieure et extérieure, et que le Gouvernement français a la haute main sur l'administration générale.

Mais pour l'étude de la question posée, il semble que l'on ne doive pas s'en tenir à la situation de fait et qu'il y ait lieu de considérer les rapports de l'Etat protecteur et de l'Etat protégé, suivant les règles générales du droit international.

C'est un principe incontesté que si l'Etat protégé subit de nombreuses restrictions dans sa souveraineté intérieure et extérieure, la personnalité de cet Etat n'en subsiste pas moins distincte de celle de l'Etat protecteur.

Cela est si vrai, qu'un jugement du conseil de guerre d'Alger, confirmé par le conseil de revision (23 avril 1885), a considéré comme déserteur à l'étranger un soldat qui avait déserté en Algérie et que des dispositions spéciales déterminent les conditions à remplir par les sujets des Etats soumis au protectorat français pour obtenir la naturalisation en France (notamment pour la Tunisie, décret du 28 février 1899).

De là on conclut que les indigènes soumis au protectorat français doivent la caution *judicatum solvi*, dans les conditions prévues par l'article 16 du Code civil (*Pandectes*. Rep. vº Caution *judicatum solvi*, nº 177).

De là encore la Cour de Paris a conclu qu'un sujet tunisien ne peut, faute d'avoir la nationalité française, exercer en France, la profession d'avocat (27 novembre 1907, Sirey, 1907,-2, 167).

Pour adopter la solution contraire, le ministre du Travail invoque cet argument qu'aux termes des traités de protectorat ce sont les agents diplomatiques et consulaires français qui sont chargés de la représentation et de la protection des sujets de l'Etat protégé. Cet argument paraît sans valeur; l'entremise de l'Etat protecteur entre l'Etat protégé et les puissances tierces est de l'essence même du protectorat, mais il n'en résulte pas que l'Etat protégé soit absorbé, annexé par l'Etat protecteur et que les sujets du premier perdent leur nationalité pour acquérir la nationalité française.

Si l'opinion de M. le ministre du Travail est contraire à la jurisprudence énoncée ci-dessus, elle n'est pas davantage en harmonie avec celle généralement professée par les auteurs.

Despagnet s'exprime ainsi dans son *Essai sur les protectorats* (p. 314-315).

« En principe le territoire de l'Etat protégé est étranger par rapport à l'Etat protecteur. Il faut bien qu'il en soit ainsi pour que le protectorat conserve son caractère de relation entre deux Etats distincts, gardant leur individualité propre, au point de vue international et simplement unis dans la mesure qu'indique le traité conclu entre eux. »

Et l'auteur trouve un argument en faveur de cette opinion dans l'existence même des traités conclus entre les deux Etats. En effet, s'il y avait annexion complète de l'Etat protégé par l'Etat protecteur, on ne comprendrait pas que ce dernier puisse passer des traités avec une fraction de son propre territoire.

Puis il ajoute : « Les nationaux du pays protégé ne deviennent en rien, ni les nationaux, ni même les sujets de l'Etat protecteur, on ne peut donc même pas les assimiler aux indigènes des territoires incorporés à une puissance et qui, comme cela a lieu dans nombre de colonies, par exemple, en Algérie, relèvent directement de l'autorité métropolitaine sans être assimilés aux citoyens du pays annexant ».

Enfin, Fuzier-Herman admet nettement que « l'Etat protégé continue à exister comme puissance de droit international. Ses nationaux et son territoire sont réputés étrangers par rapport à l'Etat protecteur ».

Il ne semble donc pas douteux que les ouvriers de protectorat victimes en France d'accidents du travail doivent être considérés comme des ouvriers étrangers et traités comme tels au regard de la loi du 9 avril 1898.

Au cas où ils quitteraient la France après l'accident, ils ne pourraient donc en vertu de l'article 3 de ladite loi recevoir qu'un capital égal à trois fois la rente allouée.

La même disposition devra être appliquée à leurs ayants droit résidant en France qui voudraient retourner dans leurs pays d'origine. Quant à leurs représentants, qui ne résidaient pas sur le territoire français au moment de l'accident, ils ne sauraient prétendre à aucune indemnité.

Si ces solutions paraissaient trop rigoureuses, l'administration pourrait toujours y pallier par l'allocation de secours à titre gracieux équivalant aux indemnités ordinaires de la loi de 1898.

Une autre difficulté soulevée à propos du règlement des accidents du travail survenus aux ouvriers indigènes a été celle de la répartition des indemnités entre les ayants droit de la victime décédée en laissant plusieurs veuves.

Dans la lettre précitée au directeur de la caisse syndicale des Forges de France, le ministre du Travail a indiqué une solution qui paraît devoir être approuvée :

« Au cas, dit-il, où l'ouvrier indigène laisserait plusieurs veuves, la rente viagère établie par la loi de 1898 pour le conjoint survivant serait fixée dans les conditions indiquées au § A de l'article 3 de cette loi ; sauf à partager le moutant de la rente également et définitivement entre les femmes, quel qu'en soit le nombre.

En cas de contestation sur la validité du mariage, la preuve en incomberait au conjoint survivant, le mariage devant être valable selon la loi musulmane. La déclaration prévue par la loi du 23 mars 1882 sur l'état civil des indigènes en Algérie et l'inscription du décret du 29 juin 1886 en Tunisie, effectuées antérieurement à l'accident, pourraient être considérées comme dispensant de toute autre preuve. »

Nous avons vu plus haut, d'une part que les contrats d'embauchage des ouvriers coloniaux prévoyaient en sus du salaire en espèces, certaines prestations en nature telles que logement, nourriture, vêtements, etc., et, d'autre part, que certaines de ces prestations étaient supportées par l'employeur, tandis que certaines autres demeurent toujours à la charge de l'État.

La question s'est posée de savoir lesquelles de ces allocations si diverses entreraient en ligne de compte pour le calcul du salaire de base au cas d'accidents du travail, au cas d'incapacité permanente, ou la détermination de l'indemnité de demi-salaire pour le cas d'incapacité temporaire.

Dans la lettre précitée, du 13 juin 1916, M. le ministre du Travail a répondu au directeur de la caisse syndicale des Forges de France, que sous réserve de l'interprétation des tribunaux il estimait que dans l'évaluation du salaire de base desdits ouvriers il y avait lieu de tenir compte des trois éléments suivants : salaire en argent, salaire en nature et frais accessoires à rembourser à l'Etat, l'ensemble de ces versements devant être égal au salaire normal et courant des ouvriers de la profession dans la région.

Ici encore nous ne partageons pas entièrement l'avis de M. le ministre du Travail et nous allons développer aussi rapidement que possible les raisons de cette divergence de vues.

Il convient tout d'abord d'indiquer pour ne plus avoir à revenir sur ce point que l'indemnité journalière, due au cas d'incapacité temporaire, doit être fixée d'après les mêmes principes et sur les mêmes bases que la rente allouée au cas d'incapacité permanente (V° Sachet, *Traité théorique et pratique de la législation sur les accidents du travail*, T. 1er, p. 481. — Cour d'appel de Rennes, 10 juin 1902. *Recueil de documents sur les accidents du travail* publiés par le ministère du Commerce. *Jurisprudence*, T. III, p. 120).

Ceci posé, nous sommes d'accord avec M. le ministre du Travail pour reconnaître que les prestations en nature, logement et nourriture, doivent entrer dans le calcul du salaire de base. Cette solution est admise par les auteurs (V° Sachet, *op. cit.*, T. 1er, p. 464) et résulte de nombreuses décisions de jurisprudence (Trib. Mayenne, 23 mars 1900, D., 1901, 2, 275. — Trib. de la Seine, 2 octobre 1900. — *Rec. min. comm.*, T. III, p. 424. — Paris, 16 février 1901, 2, 456. Cass. req., 4 mars 1903, *Rec. min. comm.*, T. III, p. 197).

Mais nous ne pensons pas que le coût des vêtements et

les frais accessoires puissent entrer en ligne de compte pour le calcul de ce salaire.

Les vêtements, en effet, sont dus par l'Etat, quelle que soit la situation du travailleur. En général, les contrats d'embauchage prévoient qu'ils seront délivrés à l'arrivée en France et remplacés au bout d'un temps déterminé, sans qu'il soit tenu compte pour la première attribution ou le remplacement des services rendus par l'intéressé. Bien mieux, on peut admettre même qu'ils seront délivrés en vertu du seul contrat d'embauchage, sans que l'ouvrier ait fourni une heure de travail dans un établissement industriel quelconque, par exemple s'il tombait malade à son arrivée au dépôt de groupement.

La même remarque peut être faite à propos des frais exposés par l'Etat pour le recrutement et le voyage des travailleurs coloniaux. Qu'il se fasse rembourser par les chefs d'entreprise, ces frais qu'il avance en quelque sorte, afin de leur procurer la main-d'œuvre nécessaire à l'exécution des commandes de matériel de guerre, rien de plus juste, mais on ne pourrait semble-t-il tirer argument de ce que ce remboursement s'effectue au moyen de primes journalières déterminées d'après le nombre d'ouvriers et de journées de travail, et payés directement à l'Etat, pour conclure que cette prime constitue une fraction quelconque du salaire de l'ouvrier.

Le salaire de base destiné à calculer les indemnités dues au cas d'incapacité permanente ou temporaire doit donc, à notre avis, comprendre, outre le salaire en argent, les prestations en nature, telles que logement et nourriture, à l'exclusion toutefois du coût des vêtements et des frais accessoires de recrutement et de voyage qui deviennent toujours, en principe, à la charge de l'Etat.

Nous terminerons par l'étude du règlement de certains accidents susceptibles de se produire assez fréquemment, en raison des conditions dans lesquelles les travailleurs coloniaux reçoivent leur nourriture et sont logés à proximité des usines.

Les contrats d'embauchage leur assurent le logement et la nourriture pendant toute la durée de leur séjour en France.

Les traités passés par l'Etat avec leurs employeurs stipulent que pour les journées de travail et certains cas déterminés de chômage par maladie, lesdites charges seront en définitive supportées par ces derniers.

Or, les travailleurs coloniaux sont astreints à loger et à prendre leurs repos dans les baraquements affectés à cet usage à proximité des établissements qui les occupent. Il y a plusieurs raisons à cette obligation. Les principales sont des raisons de police, d'hygiène et d'organisation du travail, nous n'avons pas à nous en préoccuper davantage.

Des accidents se produisent journellement dans les cantonnements des travailleurs coloniaux.

Qui sera responsable de ces accidents, et dans quelles conditions seront-ils réglés ?

Nous devons distinguer ici, suivant que les cantonnements sont organisés par l'autorité militaire et placés sous sa surveillance ou celle des préposés de l'employeur.

La première situation est celle qui se présentera le plus souvent, les industriels n'ayant en général ni les moyens matériels ni le personnel d'encadrement nécessaire à l'organisation de ces groupements.

Au cas où un accident surviendrait dans l'intérieur du cantonnement ainsi organisé et placé sous la surveillance exclusive des agents de l'autorité militaire il ne serait pas possible semble-t-il de tenir le chef d'entreprise pour responsable, et le fait qu'il rembourse à l'Etat les frais de logement et de nourriture de ses ouvriers ne paraît pas suffisant pour motiver sa condamnation au paiement des indemnités qui pourraient être allouées.

D'autre part, l'Etat n'a pas vis-à-vis des ouvriers dont il dirige les groupements la qualité d'employeur, il ne peut donc être responsable dans les conditions de la législation sur les accidents du travail.

Il semble dès lors que le recours des hommes blessés par suite d'une faute, ou d'une négligence des préposés de l'administration, ne pourra être exercé que suivant les principes du droit commun. Les tribunaux seuls auront qualité pour déterminer les limites de la responsabilité de l'Etat en s'aidant de tous les éléments d'appréciation qu'ils pourront trouver dans chaque espèce particulière.

La solution devrait être différente au cas où les cantonnements seraient organisés par l'employeur et placés sous sa surveillance immédiate. Il semble que dans ces conditions il y aurait lieu de considérer le patron comme tenu de l'indemnisation des accidents qui pourraient y survenir à son personnel (V° Sachet, T. Ier, n° 359 et suivants et Cour de Pau, 24 avril 1910. — D., 1910, 2, 210. — Cass., ch. civ., 20 avril 1912. — D., 1913, 1, 64. — Cour de Paris, 31 janvier 1913. — Rec., *Gaz. trib.*, 2. 165).

Il devrait en être de même pour le cas où les cantonnements dont il s'agit, quoique placés sous la surveillance de l'autorité militaire, sont établis à proximité des établissements militaires pour loger les ouvriers travaillant dans ces établissements. Les agents militaires chargés de la direction et de l'encadrement de ces groupements ne sont pas, il est vrai, placés sous les ordres du directeur de l'établissement, mais ils sont néanmoins comme ce dernier des préposés de l'Etat : les accidents survenus dans ces logements et baraquements doivent donc être considérés comme des accidents du travail donnant lieu par suite au paiement par l'Etat des indemnités prévues par la loi du 9 avril 1898.

Nous pensons avoir exposé ici les difficultés qui se présenteront le plus souvent en matière d'application de la législation sur les accidents du travail aux ouvriers coloniaux.

D'autres questions sont et seront certainement soulevées à ce sujet, mais elles ne sont pas vraisemblablement spéciales aux travailleurs indigènes ou aux conditions de leur travail. Il suffira donc pour les résoudre de se reporter aux ouvrages qui traitent d'une manière générale de la loi du 9 avril 1898.

VII

PRISONNIERS DE GUERRE

Le chiffre relativement élevé des prisonniers capturés de part et d'autre par les armées belligérantes depuis le commencement des hostilités a nécessité une organisation, spéciale des groupements de militaires internés et attire l'attention sur une foule de questions intéressant la situation de ces derniers.

C'est ainsi qu'après avoir été amenées, en raison de la durée de la guerre et des nécessités économiques du moment, à utiliser la main-d'œuvre des prisonniers, les administrations intéressées ont dû envisager la question de l'indemnisation des accidents qui surviendraient au cours de ces travaux aux militaires internés.

En principe, les Etats en guerre refusent d'admettre que leur responsabilité soit engagée du fait de ces accidents, et ils estiment que les accidentés ne pourront être indemnisés qu'à leur libération, par les soins de la nation à laquelle ils appartiennent.

Ceci peut être juste pour les prisonniers allemands internés en France, puisque l'autorité militaire française observe scrupuleusement à leur égard les conventions internationales et ne les astreint en aucun cas à des travaux pour lesquels ils n'auraient aucune aptitude.

Mais la responsabilité de l'État allemand n'est-elle pas directement engagée lorsqu'il emploie de force à des travaux pénibles des prisonniers appartenant à des professions libérales, ou même oblige certains d'entre eux à participer à des travaux touchant aux opérations de guerre, et parfois dans la zone immédiate des combats ?

Cette question a été posée par une lettre que M. Pasqual, député du Nord, prisonnier des Allemands après la reddition de Maubeuge, adressait le 3 décembre 1915, à son retour de captivité, au président du Conseil (*France militaire*, 5-6 décembre 1915, page 3).

A notre avis, une telle méconnaissance des dispositions de l'article 6 du règlement annexé à la Convention IV de la Haye de 1907 sur les lois et coutumes de la guerre est suffisante pour engager la responsabilité de l'État allemand.

Cette responsabilité ne pourra recevoir une sanction efficace qu'à la cessation des hostilités. Lors de la conférence pour l'élaboration du traité de paix elle devra faire l'objet de la vigilance des délégués du Gouvernement français.

Mais pour l'instant il nous importe seulement de savoir si la responsabilité des industriels ou des exploitants agricoles et autres, qui emploient des prisonniers de guerre, peut être engagée du fait d'accidents survenus dans leurs établissements au cours du travail, et, en ce qui concerne nos nationaux dans les camps ennemis, de connaître le mode de constatation des accidents dont ils sont victimes au cours de leur détention et les conditions dans lesquelles ils pourront à leur libération réclamer à l'Etat français des indemnités en raison des blessures ainsi reçues.

A) *Responsabilité des accidents survenus en France aux prisonniers de guerre ennemis travaillant chez des particuliers.*

Nous venons de voir que les gouvernements entendent bien ne pas indemniser les accidents survenus aux prisonniers de guerre qu'ils mettent à la disposition des industriels ou tous autres exploitants.

La question se pose donc de savoir si les employeurs encourent une responsabilité quelconque, et dans quelles conditions ?

Cette responsabilité ne pourrait, à notre avis, s'exercer que dans les conditions ordinaires du travail, c'est-à-dire par application des règles de la loi du 9 avril 1898. Or, peut-on soutenir ici l'applicabilité de la législation sur les accidents du travail ? Pour que le risque professionnel puisse être admis, il faudrait réunir trois conditions essentielles qui, en la circonstance, font totalement défaut.

Il serait tout d'abord nécessaire que la victime de l'accident fut liée à son employeur par un contrat de travail.

Mais peut-on admettre sérieusement que le prisonnier de guerre a conclu avec l'entrepreneur qui l'emploie un contrat de cette nature ? Évidemment non ; un seul traité est intervenu en la circonstance, c'est celui que l'État a passé avec le chef d'entreprise. Le prisonnier n'a été ni consulté sur le choix de son patron ni appelé à discuter sur les conditions de son travail. Il n'est donc pas possible de soutenir qu'il est lié à son employeur par un contrat de travail.

D'autre part, il ne touche pas un salaire. Certaines redevances sont bien exigées de l'entrepreneur, mais elles ne sont pas attribuées au travailleur. Elles sont perçues par l'autorité militaire qui, parfois, abandonne une certaine quotité au prisonnier, mais ces allocations n'ont pas le caractère d'un salaire librement débattu. Elles ne sont d'ailleurs même pas consenties directement par le patron, on ne peut donc les considérer que comme une sorte de prime d'encouragement.

Enfin, le militaire interné ne travaille jamais sous la surveillance exclusive du chef d'entreprise. Il fait partie d'équipes de travailleurs réparties par groupes et gardées militairement. Nul doute que s'ils faisaient preuve de mauvaise volonté ou enfreignaient les consignes de l'exploitation, on ne se contenterait pas de leur appliquer les sanctions édictées par les règlements d'atelier, mais qu'ils seraient punis avec toute la rigueur des moyens disciplinaires dont dispose l'autorité militaire.

D'ailleurs la jurisprudence et la doctrine sont unanimes

pour dénier aux détenus le droit au bénéfice de la loi du 9 avril 1898, en s'appuyant sur les arguments que nous venons de présenter.

C'est ainsi que Sachet dispose que « les prisonniers ne peuvent dans aucun cas être considérés comme ouvriers, et cela pour deux motifs : tout d'abord aucun lien juridique ne les rattache à l'entrepreneur pour le compte de qui ils travaillent. Ils sont restés étrangers au traité passé entre cet entrepreneur et l'Etat et si, dans certains cas, on leur permet de toucher une certaine rémunération, celle-ci ne leur est pas remise à titre de salaire conventionnel, mais leur est abandonnée gracieusement, par l'Etat comme encouragement.

D'autre part, dans l'exercice de leur travail, ils ne cessent pas de dépendre de l'autorité de leurs gardiens et ils échappent pour partie du moins à celle du chef d'entreprise. » (*Traité théorique et pratique de la législation sur les accidents du travail*, tome I, p. 123.)

Cette opinion a reçu maintes fois l'approbation des tribunaux. (Trib. civ. de Rouen, 27 décembre 1901. Trib. civ. de Lille, 4 décembre 1902, confirmé par la cour d'appel de Douai, 9 mars 1903.)

D'ailleurs, aux arguments de droit que nous venons d'exposer, viennent s'ajouter des arguments de fait :

Comment pourrait-on appliquer sérieusement aux prisonniers de guerre les dispositions de la législation sur les accidents du travail.

Nous venons de voir qu'ils ne reçoivent jamais un salaire, et que la prime d'encouragement qu'ils peuvent toucher, dans certains cas, est insignifiante. Sur quelles bases seraient donc calculées les indemnités forfaitaires de la loi du 9 avril 1898 ?

D'autre part, ladite loi spécifie dans son article 3, § c, que les représentants étrangers d'un ouvrier étranger n'ont droit à aucune indemnité, si au moment de l'accident, ils ne résidaient pas sur le territoire français. Au cas de mort de la victime, les dispositions de la loi de 1898 demeureraient donc illusoires. Dans le cas d'incapacité permanente elles ne pourraient jamais, en définitive, donner lieu qu'au paiement du capital égal à trois fois la rente, prévu par le même article 3 pour les ouvriers étrangers qui viendraient à quitter le territoire français.

Enfin, la procédure de règlement des indemnités prévue par la loi, ne pourrait être suivie devant les tribunaux français, puisque de nombreux décrets, interdisent en réponse à la déclaration du Bundesrat du 7 août 1914 tout commerce avec les sujets des nations ennemies.

Les entrepreneurs à la disposition desquels l'autorité militaire a mis des prisonniers de guerre, ne semblent donc pas tenus en principe d'indemniser ces derniers des accidents qui peuvent leur survenir au cours du travail. C'est d'ailleurs l'opinion émise à diverses reprises par le ministre de la Guerre, et notamment dans la réponse faite à une question écrite de M. Etienne Flandin, député (*J. O.*, 18 août 1915).

Mais si les militaires internés ne peuvent réclamer à leurs

employeurs les indemnités prévues par la législation sur les accidents du travail, il semble qu'au cas de faute lourde, ceux-ci doivent être tenus pour responsables vis-à-vis de l'Etat.

Cette responsabilité de l'entrepreneur au cas de faute lourde, fait toujours, d'ailleurs, l'objet d'une clause spéciale du cahier des charges.

Mais dans quelles conditions l'Etat actionnera-t-il l'employeur responsable ? Ce ne sera pas évidemment en vertu de la loi du 9 avril 1898 à laquelle l'entrepreneur n'est pas en l'espèce assujetti. L'administration ne pourra donc, semble-t-il, exercer le cas échéant, son secours, que par application des principes de droit commun en matière de responsabilité civile.

Nous avons terminé l'étude de la situation actuelle des prisonniers de guerre en général, mais il est une certaine catégorie d'entre eux qui semble devoir bénéficier d'un régime spécial. Nous voulons parler des Alsaciens-Lorrains.

Nombre de raisons de sentiments seraient déjà suffisantes pour motiver l'adoption à leur égard d'un traitement moins rigoureux que celui appliqué à nos ennemis. On pourrait leur faire une situation plus avantageuse, par analogie avec leurs compatriotes, qui au moyen de la carte tricolore dont ils sont munis par les soins du Gouvernement français, évitent les camps de concentration.

Mais outre ces raisons, il résulte des conditions particulières du travail qu'ils effectuent chez des particuliers une situation juridique absolument différente de celle des prisonniers ordinaires.

Les prisonniers alsaciens-lorrains ne sont pas, en principe, astreints au travail chez les particuliers. Ceux d'entre eux qui après un tri sévère, exécuté par des personnalités de la plus haute compétence, sont reconnus pour être d'origine française et avoir des sentiments français, sont utilisés de leur plein gré. Les uns travaillent chez des agriculteurs, les autres sont affectés aux travaux industriels, d'autres sont employés individuellement par des négociants.

En principe, les traités passés par l'État avec leurs employeurs stipulent des salaires qui équivalent, autant que possible, au salaire normal et courant de la profession et de la région, sans que toutefois ils soient assimilés aux ouvriers militaires français détachés en vertu de l'article 6 de la loi du 17 août 1915.

Ceux-ci, en effet, perçoivent l'intégralité de leur salaire, tandis que les prisonniers alsaciens-lorrains ne reçoivent qu'une allocation très minime à titre de centimes de porte.

Toutefois, contrairement à ce qui a lieu pour les prisonniers allemands, le reliquat du salaire, déduction faite le cas échéant des dépenses d'ordinaire, sert à constituer un pécule qui leur sera remis à la libération.

Les conditions essentielles exigées pour l'assujettissement à la loi du 9 avril 1898 se trouvent réunies en l'espèce, puisque d'une part les Alsaciens-Lorrains jouissent d'un véritable contrat de travail librement consenti, et que, d'autre part, ils bénéficient en définitive d'un salaire nor-

mal. Nous pensons donc que les prisonniers de cette catégorie travaillant dans les conditions sus-indiquées peuvent
être admis à se réclamer de la législation sur les accidents
du travail.

Cette opinion est d'ailleurs conforme aux avis donnés en
plusieurs circonstances par les services intéressés du ministère de la Guerre et du ministère du Travail.

B) *Constatation et indemnisation des accidents survenus
aux militaires français, prisonniers de guerre en Allemagne.*

Si les prisonniers de guerre, autres que les Alsaciens-Lorrains détenus en France, ne peuvent être indemnisés en cas
d'accident du travail, ni par les particuliers qui les occupent ni par le gouvernement qui les détient, ils pourront,
semble-t-il, se retourner à leur libération contre l'Etat dont
ils sont les combattants.

Mais encore faut-il, pour qu'ils puissent exercer utilement un recours en ce sens, que la réalité de l'accident soit
constatée par une pièce digne de foi.

Des pourparlers ont été engagés par l'intermédiaire des
puissances neutres, en vue d'aboutir à un accord sur le
mode de constatation officielle des accidents survenus aux
prisonniers de guerre au cours de leur travail.

Le Gouvernement français a proposé de charger les sous-
officiers français détenus en Allemagne et les sous-officiers

allemands en France, de l'établissement des certificats d'origine de blessures, relatant les noms et prénoms du blessé, la date, le lieu et les circonstances de l'accident et autant que possible le siège de la blessure. La signature de ces sous-officiers serait authentifiée par le commandant du camp et transmise au gouvernement intéressé.

Le Gouvernement allemand à fait connaître en réponse les dispositions admises en Allemagne.

Les accidents du travail survenus aux prisonniers de guerre sont constatés par l'Inspection du travail ou l'administration des usines suivant le cas. Il n'est délivré au prisonnier qu'un bref certificat qui lui est remis, avec ses papiers, à sa libération.

Afin d'arriver rapidement à une entente sur la question, le Gouvernement français s'est prononcé pour l'adoption en principe des dispositions indiquées par le Gouvernement allemand. Toutefois, il a considéré que si, dans les mines, la constatation des accidents pouvait continuer à être faite concurremment par l'ingénieur des mines, les délégués à la sécurité des ouvriers mineurs et le juge de paix, il ne semblait pas y avoir lieu dans les autres cas, de charger de ce soin des fonctionnaires autres que ceux qui procèdent déjà à des enquêtes de ce genre d'après la législation de 1898.

Les juges de paix auxquels l'article 12 de la loi du 9 avril 1898 a déjà confié la mission de procéder à l'enquête destinée à servir de base à la procédure d'indemnisation, lui paraissent tout désignés à cette effet.

Par dépêche du 30 juillet 1916, des instructions en ce

sens ont été adressées aux généraux commandant les régions.

Il nous reste à examiner les conditions dans lesquelles les militaires français victimes d'accidents au cours de leur captivité en Allemagne devront être indemnisés à leur libération.

Ainsi que nous l'avons dit plus haut, la conclusion d'un accord en vue d'assurer réciproquement aux prisonniers employés tant en Allemagne qu'en France la réparation des dommages résultant d'accidents du travail ne pourra être utilement envisagé que lors de l'élaboration du traité de paix.

Il semble bien qu'à ce moment le Gouvernement allemand pourra être contraint à l'indemnisation des accidents survenus à des prisonniers français au cours de travaux commandés en méconnaissance des principes du droit et des règlements internationaux.

Mais tous les accidents ne sont pas dus à des faits illicites. Ainsi que le fait justement remarquer M. Pillet (1), il faut faire travailler les prisonniers, car le travail est un élément de santé et de moralité.

Il est possible que le recours éventuel, contre le Gouvernement allemand, soit limité aux accidents survenus au cours de travaux dangereux, pénibles, d'une nature dégradante, ou en rapport avec les hostilités.

Même pour ceux-ci il sera bien difficile de déterminer

(1) A. PILLET, *Les lois actuelles de la Guerre*.

après la conclusion du traité de paix, la part de responsabilité des autorités ennemies dans chaque cas particulier.

La preuve sera impossible à produire dans le cas d'accidents survenus antérieurement à l'accord passé avec le Gouvernement allemand, puisque l'intéressé ne pourra fournir à l'appui de sa demande aucune pièce constatant régulièrement les circonstances dans lesquelles il aura été blessé.

Quid de l'indemnisation des accidents qui faute de preuves suffisantes ne seront pas réparés dans les conditions du traité de paix, des accidents survenus au cours des travaux légitimement commandés ou dans la vie normale du camp d'internement.

Nous pensons que tous les accidents, dont les militaires français peuvent être victimes au cours de leur captivité en Allemagne, leur ouvrent des droits incontestables à la pension militaire, sans qu'il y ait lieu de distinguer suivant que l'employeur au moment de l'accident était un service public de l'Etat capteur ou un particulier ressortissant à cet Etat.

L'état de captif, en effet, est une position prévue par les règlements militaires (notamment pour les droits à la solde et à l'avancement), les prisonniers de guerre français ne cessent donc pas d'être soldats, traités ou devant être traités en soldats par les autorités ennemies.

Ils doivent toujours être considérés comme travaillant en qualité de militaires, puisque ne touchant aucun salaire et n'étant pas admis à faire valoir leurs droits devant les juridictions allemandes, ils ne peuvent bénéficier de la législation ouvrière de l'ennemi en général et de la loi du 30 juin 1900 sur les accidents du travail en particulier.

A la solution que nous indiquons on pourrait objecter qu'en n'exigeant pas des prisonniers français, victimes d'accidents au cours de leur captivité, la preuve des circonstances dans lesquelles ils auront été blessés, on leur assure un régime plus favorable que celui de leurs camarades demeurés en France, qui ne peuvent obtenir de pensions militaires pour des accidents survenus par leur imprudence ou par leur faute en dehors du service.

L'objection ne serait pas sans valeur. Toutefois, outre que la jurisprudence se montre assez large sur le sens qu'il faut donner aux mots « service commandé », et qu'elle y comprend les corvées (1), la présence dans les locaux militaires (2) et dans les cantonnements (3), nous pensons que les prisonniers étant parqués dans les camps d'internement sous la surveillance constante de leurs gardiens et ne jouissant d'aucune liberté, doivent toujours être considérés comme étant en service commandé.

Ils pourront donc toujours, à leur libération, solliciter du Gouvernement français le bénéfice de la législation sur

(1) Conseil d'Etat, 13 avril 1881, 15 février 1895, 17 mai 1895, 26 juin 1896, 24 juillet 1896, 8 août 1896, 19 janvier 1900.

(2) Conseil d'Etat, 27 juillet 1900, 27 mars 1903, 20 janvier 1904, 19 mai 1905, 30 mai 1905.

(3) Conseil d'Etat. Finances, 27 juillet 1886, 2 août 1893.

les pensions militaires pour tous les accidents dont ils auront été victimes au cours de leur captivité (1).

Rien ne s'oppose évidemment, à ce que les ayants droit se réclament des mêmes dispositions lorsque l'accident aura entraîné le décès de la victime.

Il est bien entendu, d'autre part, que l'allocation par le Gouvernement français d'une pension militaire afférente au grade de l'intéressé n'éteint pas les droits de celui-ci à une indemnité plus forte de la part du Gouvernement allemand pour le cas où il serait reconnu que la blessure est survenue à la suite d'une violation par les autorités ennemies des prescriptions de la Haye.

Nous ne pensons pas que les solutions indiquées ci-dessus pour l'indemnisation des accidents survenues aux prisonniers français en pays ennemi soient sérieusement contestées et nous croyons pouvoir affirmer qu'elles sont conformes à l'opinion du ministre de la Guerre et du Conseil d'Etat sur la matière.

(1) Les prisonniers rapatriés à la suite d'échanges de grands blessés peuvent donc dès maintenant demander l'attribution de la pension militaire dans les conditions habituelles.

VIII

MILITAIRES BLESSÉS, EN TRAITEMENT, EN CONVALESCENCE ET MUTILÉS DE LA GUERRE

La question de l'indemnisation des accidents du travail survenus aux blessés et mutilés de la guerre et aux militaires convalescents employés dans l'industrie ou travaillant dans les diverses écoles de rééducation professionnelle n'est pas la moins importante de toutes celles qui se sont posées depuis le commencement des hostilités en matière de législation ouvrière.

Nous allons examiner, aussi rapidement que possible, les différentes situations juridiques dans lesquelles peuvent se trouver les militaires en question, suivant leur position au moment de l'accident et les liens qui les rattachent à leurs employeurs.

Pour plus de clarté nous diviserons cette étude en deux aragraphes. Nous traiterons dans le premier des situations pour lesquelles il pourrait y avoir discussion sur le principe même de la responsabilité, et dans le second nous étudierons le règlement des accidents qui ont eu pour cause l'infirmité préexistante de la victime.

§ 1. — Responsabilité des accidents survenus aux militaires blessés, en traitement, en convalescence, etc.

Les situations dans lesquelles peuvent se trouver les militaires blessés employés aux travaux industriels sont multiples.

Les uns sont des militaires en traitement, atteints superficiellement à certaines parties du corps, telles que la face par exemple, de blessures qui ne leur ôtent aucun de leurs moyens et leur permettent d'être employés à des travaux de leur profession.

Sur l'invitation des directeurs d'hôpitaux ou de leur propre initiative ils se mettent à la disposition des chefs d'entreprise. Qui sera responsable des accidents survenus au cours de leur travail, et suivant quelles règles seront-ils indemnisés ?

Il n'y a aucun doute sur la situation de ces hommes au point de vue militaire : ils demeurent des soldats pendant toute la durée de leur traitement et jusqu'à ce que les commissions de réforme se soient prononcées à leur égard.

Les accidents dont ils peuvent être victimes au cours de leur travail chez les industriels doivent donc être réglés d'après les principes posés à propos des militaires employés à certaines heures de la journée aux travaux de la moisson par les cultivateurs voisins des cantonnements, forts, postes, etc.

Il y aura donc lieu de distinguer suivant que les militaires dont il s'agit se seront embauchés directement en dehors de toute intervention de l'administration de leur hôpital, ou qu'ils auront été exhortés par leurs chefs à se mettre à la disposition d'industries déterminées.

Dans le premier cas, lorsque le militaire aura traité directement avec un employeur de son choix, qu'il aura librement débattu son salaire, on sera bien obligé de reconnaître qu'il existe entre eux un véritable contrat de louage d'ouvrage puisque les trois éléments principaux nécessaires à la formation de ce contrat seront parfaitement réunis : l'accord des parties, la fixation d'une rémunération et la subordination au chef d'entreprise.

De ce lien juridique naîtra pour le patron la responsabilité des accidents, que celle-ci résulte du droit commun ou plus spécialement de la loi du 9 avril 1898.

La victime ne pourra donc prétendre qu'aux indemnités de ladite loi, à l'exclusion des allocations prévues par la législation sur les pensions militaires.

Elle ne pourra même pas, semble-t-il, exciper de l'autorisation qui lui aurait été accordée pour soutenir que la responsabilité de l'Etat est engagée du fait que les médecins de la formation sanitaire où elle est soignée n'auraient pas dû laisser un militaire participer à des travaux dangereux ou incompatibles avec son état de santé.

Le rôle du médecin-chef de l'hôpital n'est pas, en effet, dans la circonstance de supputer les risques d'accidents inhérents au travail à exécuter; son autorisation ne vaut qu'au regard de l'administration militaire et autant qu'elle constate que les travaux confiés à ce militaire nesont pas de nature à causer un retard ou un arrêt de sa convalescence.

Mais la responsabilité de l'Etat ne sera-t-elle pas engagée lorsque le militaire victime d'un accident du travail aura été exhorté par ses chefs à coopérer aux travaux industriels et que l'autorité militaire se sera elle-même chargée de répartir la main-d'œuvre militaire chez les divers entrepreneurs qui en auraient fait la demande.

Nous pensons qu'il y a là une appréciation de fait qui doit être laissée entièrement à la discrétion des tribunaux compétents. Ceux-ci devront s'attacher à rechercher l'existence d'un salaire et à déterminer la part prise par les autorités militaires à la conclusion du contrat d'embauchage.

Il semble que lorsqu'il résultera des éléments de la cause que la victime a été mise à la disposition de son employeur plutôt qu'elle n'a loué elle-même ses services, les juges pourront conclure à la responsabilité de l'Etat. Celui-ci aura évidemment un recours contre l'entrepreneur qui doit seul en définitive supporter la charge des indemnités allouées aux ouvriers qu'il occupe pour des accidents survenus au cours de travaux dont il a seul la direction et la surveillance.

Certains militaires peuvent, au cours des congés de convalescence qu'ils passent dans leurs familles, s'embaucher chez des industriels voisins. Il est évident que dans ce cas ils agissent de bonne volonté et ne peuvent prétendre à l'allocation des pensions militaires réservées aux soldats blessés en service commandé.

Ils ne pourront s'adresser qu'à leurs entrepreneurs pour obtenir les indemnités prévues par la législation à laquelle les assujettit leur profession.

La même solution devra être appliquée au règlement des accidents survenus aux militaires renvoyés dans leurs foyers en attendant la liquidation de leur pension de réforme.

Enfin, les militaires en instance de réforme devront être traités exactement comme leurs camarades soignés dans les hôpitaux militaires et dont nous venons d'étudier ici la situation au point de vue des accidents du travail.

Les dispositions qui précèdent ne font évidemment aucun doute en ce qui concerne l'application de la loi du 9 avril 1898 aux diverses catégories de militaires employés chez des industriels.

Ceux-ci ne pourraient, semble-t-il, exciper du caractère de bienfaisance qu'ils entendent donner à leur intervention pour dénier aux intéressés le bénéfice des dispositions légales.

En effet, la circonstance que l'ouvrier est employé dans un but charitable n'est pas exclusive de l'existence du contrat de louage d'ouvrage.

Les institutions d'assistance qui font exécuter des travaux

par des infirmes ou des nécessiteux sont en général de véritables chefs d'entreprise. (Avis du comité consultatif du 20 décembre 1899. *J. O.*, 6 janvier 1900.)

C'est seulement dans des cas tout à fait exceptionnels qu'on pourrait considérer le contrat en vertu duquel elles font travailler les indigents ou les infirmes, comme étant un contrat de pure bienfaisance n'ayant rien de commun avec le louage d'ouvrage.

C'est ainsi qu'il a été jugé que les indigents valides ou invalides qu'une commune emploie dans un but exclusivement charitable à des travaux présentant quelque utilité pour elle, ne sont pas protégés par la loi de 1898, si du moins ces travaux avaient pour cause essentielle de servir les indigents sous une forme recommandable. (C. Poitiers, 16 juin 1902. — S., 1904, 1, 145), — Sachet. — *Législation sur les accidents du travail*, t. 1er, no 189.)

La question se pose alors de savoir quelle est à ce point de vue la situation des ateliers de rééducation professionnelle organisés par les diverses œuvres patriotiques fondées depuis la guerre.

Nous ne nous dissimulons pas qu'il s'agit ici d'une question excessivement délicate. Elle semble toutefois pouvoir être ré. olue par l'application des principes généraux adoptés en matière de législation sur les accidents du travail.

Les tribunaux devront donc pour chaque cas d'espèce déterminer la nature de l'établissement où se donne l'enseignement professionnel et rechercher les buts qu'il poursuit,

Si les directeurs de l'atelier employeur ne tirent ou ne veulent tirer aucun profit des travaux exécutés par leurs élèves, on pourra considérer que les accidents survenus à ces derniers ne doivent pas être garantis par la loi sur les accidents du travail.

Sachet estime en effet (*op. cit.*, n° 111 *bis*) que « les établissements d'instruction et les écoles techniques où les travaux des élèves ont un but exclusif d'enseignement, échappent à l'action de la loi du 9 avril 1898 alors même qu'on y fabriquerait des matières explosives ou qu'on y ferait usage de moteurs à force élémentaire. »

Toutefois, ajoute le même auteur « pour que la loi de 1898 soit applicable il n'est pas nécessaire qu'un gain soit réalisé ; il suffit que la réalisation d'un gain soit le but poursuivi, ou l'un des buts, même seulement accessoires de l'entreprise. »

Or, tout établissement qui revend le produit de sa fabrication travaille pour réaliser un gain, alors même que ce gain est destiné à une œuvre charitable ou encore qu'il se trouve insuffisant pour couvrir les « frais de l'entreprise » (*op. cit.*, n° 112).

Si donc les ateliers de rééducation des infirmes et mutilés de la guerre produisent pour vendre avec bénéfice, on devra les considérer comme de véritables entreprises au même titre que les exploitations poursuivant uniquement un but de lucre.

Mais dans la généralité des cas, les soldats employés dans les ateliers de rééducation professionnelle ne toucheront aucun salaire.

Sur quelles bases seront donc calculées au cas d'accident du travail les indemnités forfaitaires auxquelles ils peuvent prétendre en vertu de la loi du 9 avril 1898 ?

Nous pensons qu'ils devront être considérés comme des apprentis et que l'absence d'une rémunération en argent ne serait pas suffisante pour les écarter du bénéfice des dispositions de ladite loi.

En effet, ainsi que le faisait justement observer M. le ministre du Commerce (séance du 5 mars 1898), leur propre éducation professionnelle et aussi les outils qu'ils usent et les matières premières qu'ils gâchent représentent la valeur de leur travail.

Les militaires mutilés, élèves des écoles de rééducation professionnelle, devront donc être indemnisés des accidents dont ils peuvent être victimes au cours de leur travail dans les conditions fixées par l'article 8 de la loi du 9 avril 1898, c'est-à-dire que le salaire annuel sur lequel seront calculées leurs rentes ne devra pas être inférieur au salaire le plus bas des ouvriers valides de la même catégorie occupés dans l'entreprise.

Nous avons terminé l'étude des situations au sujet desquelles il pourrait se produire quelques hésitations sur l'application de la loi de 1898 aux militaires blessés, employés dans l'industrie : nous allons passer maintenant à l'étude de l'indemnisation des accidents dans lesquels l'infirmité préexistante du mutilé de la guerre aura été la cause unique de l'accident ou aura eu pour effet d'aggraver les conséquences de ce dernier.

§ 2. — Règlement des accidents causés ou aggravés par l'infirmité préexistante du mutilé de la guerre.

Le nombre des héros mutilés au cours de la guerre actuelle va hélas ! toujours croissant et atteint déjà des effectifs considérables. L'industrie et le commerce dans une belle émulation s'efforcent de leur procurer dans les meilleures conditions possibles un travail adapté à leurs capacités afin de leur assurer une existence honorable en joignant l'appoint d'un salaire à leur modeste pension.

Certes, on peut compter sur le patriotisme de tous les Français et sur l'impression profonde qui demeurera dans le cœur des hommes de notre génération au souvenir des horreurs de cette guerre pour penser que ce mouvement en faveur des artisans de la gloire nationale ne sera pas ralenti.

Toutefois, on peut craindre que devant les nécessités de la concurrence, en présence des lourdes charges qui peuvent résulter de l'emploi des mutilés de la guerre, les chefs d'entreprise, malgré toute leur bonne volonté, ne se voient dans l'obligation d'éliminer peu à peu de leurs ateliers ceux dont les infirmités feraient courir des risques trop grands d'accidents.

Déjà nous avons vu des difficultés surgir entre les chefs d'industrie et leurs assureurs, ceux-ci refusant de traiter dans les conditions ordinaires pour le personnel mutilé de guerre des usines, et exigeant tout au moins le paiement d'une surprime.

A la vérité, on s'explique très bien le refus des compagnies d'assurances, d'assurer les charges nouvelles qui résultent de l'embauchage d'ouvriers déjà mutilés, et que seule une longue expérience pourrait permettre de fixer.

Ainsi que le fait justement remarquer M. Henry Boucher dans le rapport fait au Sénat, au nom de la commission chargée d'examiner le projet de loi (aujourd'hui voté) concernant les mutilés de la guerre, victimes d'accidents du travail (*Docum. parlem.*, Sénat, année 1916, n° 366), « il n'est que trop vrai que tous les grands blessés, tous ceux dont l'Etat a dû compenser par une pension les infirmités fonctionnelles, sont plus exposés que les ouvriers valides aux accidents du travail ou à l'aggravation de leurs conséquences, surtout au début de leur activité nouvelle, quelles que soient d'ailleurs les précautions prises par leurs patrons pour ne leur confier que des travaux correspondant à leurs forces.

Telle infirmité peut être, en effet, la cause unique d'un accident dont l'employeur serait pourtant responsable : c'est le cas, par exemple, d'un amputé dont le pilon brisé ou mal assujetti provoquerait la chute en un endroit dangereux.

L'infirmité antérieure peut aggraver les conséquences d'un accident et en rendre la compensation beaucoup plus onéreuse. Tel est le cas d'un borgne, d'un manchot, d'un amputé de la jambe, que la perte de l'œil qui lui reste ou d'un second membre, réduirait à l'état d'épave humaine.

Enfin, on peut imaginer telle circonstance, si rare qu'elle puisse être, où l'infirmité fonctionnelle d'un ouvrier pourrait provoquer des accidents collectifs atteignant des tiers. »

Ceux qui ont la charge des intérêts du pays ne pouvaient se désintéresser d'une question aussi grave et laisser ces glorieux combattants se débattre seuls dans la lutte pour la vie où étant désormais devenus des faibles, ils ne tarderaient pas à succomber.

Aussi de bonne heure les Chambres furent-elles saisies de plusieurs propositions et projets de loi, tendant par des moyens différents vers un même but : empêcher que les mutilés de la guerre ne soient éloignés de l'usine sous le prétexte des risques trop grands qu'ils pourraient courir pendant leur travail.

La première proposition, déposée le 29 juin 1915, par M. Honnorat, député, tendait à mettre au compte de l'ensemble des employeurs et des assureurs, au moyen de la création d'un fonds de prévoyance, la charge supplémentaire qui résulterait des accidents survenus à des mutilés.

La deuxième, déposée par M. Lebey, député, mettait cette charge au compte de l'État, au moyen d'un fonds spécial alimenté par des centimes additionnels.

Enfin, un projet du gouvernement compris dans le projet général relatif aux pensions (article 19), tendait à mettre la charge complémentaire au compte de l'État, en prévoyant une augmentation de la pension militaire.

Ce projet donna lieu à diverses critiques dont l'exposé n'entre pas dans le cadre de cette étude. Il fut de bonne heure abandonné par M. Métin, ministre du Travail et de la Prévoyance sociale, qui se rallia en principe, au nom du gouvernement, au système présenté par M. Honnorat.

La commission de la Chambre des députés prit également cette dernière proposition comme base de ses travaux et un premier texte fut voté dans la séance du 24 mars 1916.

Enfin, après quelques modifications effectuées par le Sénat, le texte suivant fut définitivement voté :

Loi concernant les mutilés de la guerre victimes d'accidents du travail.

Le Sénat et la Chambre des députés ont adopté, le président de la République promulgue la loi dont la teneur suit :

Art. 1er. — Toutes les fois qu'un militaire, marin et assimilé atteint d'infirmités graves et incurables résultant soit de blessures reçues au cours d'événements de guerre ou en service commandé pendant la guerre actuelle, soit de maladies contractées ou aggravées par suite des fatigues ou dangers de service pendant la guerre actuelle, aura été victime d'un accident du travail survenu dans les conditions prévues par les lois des 9 avril 1898, 30 juin 1899, 12 avril 1906, 18 juillet 1907 et 15 juillet 1914, l'ordonnance du président, ou le jugement du tribunal qui fixera le montant des rentes pouvant résulter tant de sa mort que de la réduction permanente de sa capacité de travail devra indiquer expressément :

1° Si l'accident a eu pour cause exclusive l'infirmité de guerre préexistante ;

2° Si la réduction permanente de capacité résultant de l'accident a été aggravée par le fait de ladite infirmité et dans quelle proportion.

Dans le premier cas, le chef d'entreprise sera exonéré de la totalité des rentes allouées à la victime ou à ses ayants droit par l'ordonnance ou le jugement ; et, dans le second cas, de la quotité desdites rentes correspondant à l'aggravation ainsi déterminée.

Le capital représentatif des rentes auxquelles s'appliquera cette exonération sera versé à la caisse nationale des retraites pour la vieillesse par prélèvement sur les ressources d'un fonds spécial de prévoyance dit « des blessés de la guerre », dont le fonctionnement sera assuré par le ministère du Travail et de la prévoyance sociale et la gestion financière par la caisse des dépôts et consignations.

Le fonds spécial de prévoyance sera alimenté par une contribution des employeurs et des organismes d'assurances, dont le taux sera fixé chaque année par la loi de finances suivant les modalités indiquées par les articles 25 de la loi du 9 avril 1898, 4 et 5 de la loi du 12 avril 1906 modifiée par celle du 26 mars 1908, 4 de la loi du 18 juillet 1907 et 6 de la loi du 15 juillet 1914, en ce qui concerne les différentes catégories d'employeurs, et par l'article 27, dernier alinéa, de la loi du 9 avril 1898, modifiée par celle du 31 mars 1905, en ce qui concerne les organismes d'assurances, la contribution de ceux-ci doit rester exclusivement à leur charge.

Art. 2. — Un décret (1), rendu après avis du comité consultatif des assurances contre les accidents du travail, dont fera partie comme membre de droit le conseiller juridique du contrôle des assurances privées, déterminera les conditions d'organisation et de fonctionnement du service du fonds spécial de prévoyance visé par l'article précédent.

Art. 3. — A titre transitoire et pour les années 1916, 1917 et 1918, les taxes à percevoir des chefs d'entreprise et des organismes d'assurances par application des dispositions qui précèdent, seront égales au tiers des taxes prévues.

1° Par le décret du 28 mars 1915, en ce qui concerne les patentes et les exploitants des usines ;

2° Par la loi du 13 décembre 1912, en ce qui concerne l'application des alinéas 2 et 3 de l'article 5 de la loi du 12 avril 1906 ;

3° Par l'arrêté du ministre du Travail fixant les frais de contrôle et de surveillance des organismes d'assurances pour l'année 1913.

Art. 4. — Après apurement complet et définitif du fonds spécial de prévoyance des blessés de la guerre, le reliquat éventuel sera versé au fonds de garantie institué en matière d'accidents du travail par l'article 24 de la loi du 9 avril 1898.

(1) Voir décret du 2 janvier 1917 (J. O., 4 janvier 1917).

La présente loi, délibérée et adoptée par le Sénat et par la Chambre des députés sera exécutée comme loi de l'Etat.

R. POINCARRÉ.

Fait à Paris le 25 novembre 1916.

(Journal Officiel du 27 novembre 1916).

Nous avons cru devoir donner *in extenso* ce texte qui se suffit à lui-même et dispense de commentaires.

Il nous suffira d'indiquer avant de clore ce chapitre que rien ne permet de donner à cette loi une application rétroactive. En conséquence, les accidents survenus antérieurement à sa promulgation semblent devoir être intégralement indemnisés par les chefs d'entreprise, ou leurs assureurs, dans les conditions ordinaires de la loi du 9 avril 1898, précisées par une jurisprudence très ferme (1).

(1) La Cour de cassation, dans un arrêt du 28 juillet 1902, estime qu'en matière d'accidents du travail, l'état d'infirmité dans lequel se trouvait la victime avant l'accident importe peu au point de vue du calcul de l'indemnité à laquelle elle a droit.

Le juge ici n'est pas appelé à mesurer l'étendue et les effets d'une faute commise, mais bien à constater un préjudice souffert et à en assurer la réparation forfaitaire à l'aide de calculs dont les données lui sont imposées par la loi elle-même.

Spécialement, s'agissant d'un ouvrier borgne qu'un accident du travail a rendu complètement aveugle, le juge, tout en déclarant permanente et totale l'incapacité de travail de cet ouvrier, ne peut se borner à lui allouer l'indemnité prévue pour l'incapacité permanente et partielle sous le prétexte que le dit accident n'eut entraîné pour lui qu'une incapacité de cet ordre si, auparavant, il n'eut déjà perdu un œil (*Gazette des Trib.*, 15 août 1902).

IX

DAMES EMPLOYÉES PAR LES CORPS DE TROUPE ET LES MAITRES-OUVRIERS DES RÉGIMENTS

Nul n'ignore aujourd'hui l'extension considérable, depuis le commencement des hostilités, de l'emploi de la main-d'œuvre féminine, dans toutes les branches de l'industrie et jusque dans des milieux où l'on n'aurait certes jamais pensé la rencontrer avant la guerre.

C'est ainsi que dans nombre de services militaires, les femmes ont été appelées à donner leur concours afin de permettre de mieux utiliser ailleurs les militaires du service armé ou du service auxiliaire qu'elles remplacent.

On les rencontre, non seulement dans les hôpitaux où leur place est tout indiquée, mais encore dans les magasins militaires, les états-majors de l'intérieur et jusque dans les dépôts des corps de troupe où elles occupent les emplois les plus divers : dactylographes, secrétaires, manutentionnaires, cuisinières, infirmières, etc...

La question se pose de savoir si ce personnel féminin doit

être assujetti à la loi du 9 avril 1890 pour le règlement des accidents qui peuvent survenir au cours du travail.

Nous pensons qu'il est nécessaire, en ce qui concerne les dames employées dans les corps de troupe d'établir une distinction suivant qu'elles travaillent exclusivement pour le compte de l'Etat ou sont employées par les maîtres-ouvriers des régiments.

§ 1. — Dames employées directement par les corps de troupe.

Nous visons dans ce paragraphe les dames employées dans les divers services de l'administration militaire, mais surtout celles qui, embauchées par les conseils d'administration, payées par les trésoriers, remplissent dans les dépôts des corps de troupe les fonctions d'infirmières, cuisinières, manutentionnaires, etc.

Nous pensons que ce personnel ne peut être placé sous le régime de la législation sur les accidents du travail.

Certains, à l'appui de la même opinion, ont donné comme seul motif que les corps de troupe étaient des services publics et ne pouvaient par suite être assujettis à la loi du 9 avril 1898.

Cet argument ne paraît pas satisfaisant. En effet, les établissements constructeurs dépendant du ministère de la Guerre sont aussi des services publics et il n'y a cependant aucun doute sur l'application des dispositions de la loi du

Jadé   11

9 avril 1898 à leurs ouvriers autres que les ouvriers immatriculés des manufactures d'armes (V° Sachet, *Traité théorique et pratique de la législation sur les accidents du travail*, T. Ier, n° 74, et Trib. Seine, 7 juillet 1900. — *Gazette du Palais*, 1902, 2, 497. — Poitiers, 16 juin 1902, S., 1904, 2. 145. — Bordeaux, 19 février 1906. En sens contraire, Grenoble, 9 novembre 1906, S., 1907, 1, 169.)

La véritable raison de l'assujettissement des établissements militaires constructeurs à la législation sur les accidents du travail paraît être leur qualité d'exploitations industrielles visées par l'article premier de la loi du 9 avril 1898 qui ne pose à leur égard aucune restriction.

Les corps de troupe, au contraire, ne semblent en aucune façon pouvoir être classés, dans l'une ou l'autre des catégories énumérées audit article.

D'autre part, on ne peut les considérer comme des entreprises commerciales assujetties au risque professionnel en vertu de la loi du 12 avril 1906.

En effet, pour la définition des entreprises commerciales auxquelles l'article 1er a étendu la législation sur la responsabilité des accidents du travail, le législateur s'en est rapporté à celle visée par les articles 1er, 632 et 633 du Code de commerce.

Or, l'article 1er du Code de commerce subordonne la qualité de commerçant à la réunion de deux conditions : 1° l'exercice d'un ou de plusieurs des actes de commerce énumérés dans les articles 632 et 633 ; 2° un exercice réitéré et dans un but de lucre, de telle sorte qu'il revête le caractère d'une profession (Sachet, *op. cit.*, T. Ier, n° 122).

Il ne sera pas besoin de plus amples développements pour démontrer que les corps de troupe n'ont pas le caractère d'entreprises commerciales.

Nous signalerons à ce sujet que les infirmières des hôpitaux dépendant de l'assistance publique et des formations sanitaires militaires ne sont pas considérées par leurs administrations comme assujetties à la législation sur les accidents du travail, quoique en fait elles reçoivent à titre gracieux les indemnités auxquelles conduirait l'application de la loi du 9 avril 1898.

Il résulte d'ailleurs d'un jugement du tribunal de la Seine (10 février 1908) que les établissements de bienfaisance ne faisant pas acte de commerce ne sont pas assujettis à la loi du 9 avril 1898.

Enfin, tout récemment le tribunal civil d'Aubusson (jugement du 12 janvier 1917) vient de décider qu'un ouvrier blessé au cours du travail qu'il effectuait pour le compte d'une commission de ravitaillement ne pouvait prétendre au bénéfice de la loi du 9 avril 1898, parce qu'on ne peut considérer une commission de ravitaillement comme étant une entreprise industrielle, une entreprise de battage au moyen de machines mues par un moteur inanimé ou une entreprise commerciale.

Nous pensons par analogie que les corps de troupe ne peuvent être assujettis à la législation sur les accidents du travail et qu'ils devraient être plutôt assimilés aux simples particuliers faisant exécuter chez eux, par un personnel de leur choix, certains travaux domestiques dont ils conservent la direction.

En conséquence, les dames qu'ils emploient, à quelque titre que ce soit, excepté cependant celles qui travaillent pour le compte des maîtres-ouvriers, ne doivent pas être, au cas d'accidents du travail, placées sous le régime de la législation ouvrière actuellement en vigueur.

Elles ne peuvent se réclamer que des principes généraux du droit commun en matière de responsabilité civile.

Il est toutefois loisible à l'administration militaire de leur accorder par mesure de bienveillance et à titre de secours les indemnités qui seraient allouées en vertu de la loi de 1898.

Dans cet ordre d'idées il serait désirable que les services militaires employeurs s'assujettissent volontairement à la législation concernant la responsabilité des accidents du travail, dans les conditions déterminées par la loi du 18 juillet 1907.

Cette adhésion volontaire aurait le double avantage d'éviter des divergences de vues regrettables sur une question qui demeure très délicate, il faut le reconnaître, et d'empêcher qu'une catégorie éminemment intéressante d'ouvrières, la plupart parentes de militaires tués à l'ennemi, soient plus mal traitées que leurs collègues des établissements industriels ou même que les dames employées chez les maîtres tailleurs, qui bénéficient, ainsi que nous allons le voir, d'un statut juridique plus avantageux au point de vue des accidents du travail (1).

(1) Ce vœu que nous avions formulé par ailleurs a été entendu,

§ 2. — Dames employées par les maîtres ouvriers des régiments.

Les ouvrières employées par les maîtres tailleurs et le cas échéant par les maîtres bottiers des corps de troupe, doivent recevoir de leurs employeurs au cas d'accidents du travail, les indemnités prévues par la loi du 9 avril 1898, même si elles ont été recrutées par les soins de l'autorité militaire.

En effet, les maîtres ouvriers, ne sont pas simplement les premiers ouvriers du régiment, mais ils joignent à leur qualité d'ouvriers celle de véritables patrons dirigeant pour leur compte de véritables ateliers de confection.

Il ne faut pas, à notre avis, leur attribuer ainsi que l'a fait un arrêt de la cour de Rouen du 27 février 1901, (D., 1902, 2, 137) « la qualité de commerçants, seulement dans les cas où, en fait, sortant des attributions normales de leurs fonctions militaires, et, malgré les règlements qui leur interdisent des actes de commerce, ils concluent avec des tiers des actes empreints du caractère de commercialité ».

Car, s'il est vrai que les règlements leur interdisent

puisque dans l'instruction réglant l'emploi de la main-d'œuvre féminine dans les corps de troupes, dépôts et services (J. O., du 2 décembre 1916), le ministre de la guerre spécifie (art. 27) « que le personnel féminin de toute catégorie et de toute profession sera tenu d'adhérer à la législation des accidents du travail, dans les termes de la loi du 18 juillet 1907 ».

« d'avoir une clientèle civile, même celle des familles des officiers, de soumissionner des fournitures mises en adjudication ou donnant lieu à un concours, d'effectuer des travaux ou fournitures pour d'autres corps, y compris les troupes de gendarmerie, à moins d'une autorisation générale réglementaire... de fournir même pour le compte du corps des objets et des effets ne rentrant pas dans leur spécialité, s'ils leur défendent en cas d'emploi de la main-d'œuvre civile, de sous-traiter avec ces entrepreneurs pour l'exécution des travaux qui leur sont confiés », il y a certains travaux qu'ils peuvent effectuer pour le compte de certains particuliers en dehors de leur service normal.

C'est ainsi qu'ils sont autorisés « à confectionner, fournir et réparer les effets d'uniforme de leur spécialité qui figurent à la description des uniformes, ainsi que les effets de harnachement réglementaires, pour les officiers et employés militaires de l'armée active, de la réserve et de l'armée territoriale, ainsi que pour les adjudants et les sous-officiers s'habillant à leurs frais ».

Ils peuvent encore « confectionner, fournir et réparer des effets civils, mais seulement pour les officiers de l'armée active, pour les officiers de la réserve qui effectuent leur deuxième armée ou leur quatrième semestre de service actif, et pour les sous-officiers autorisés à porter la tenue bourgeoise ». (Instruction du 2 avril 1912 *B. O.*, Ministère de la guerre, Volume IV [ter], p. 13 et suiv.).

Il n'est donc pas exact de dire que les travaux exécutés par les maîtres tailleurs en dehors de leur service normal sont interdits par les règlements, puisque ceux-ci au contraire ont pris la peine de déterminer avec soin les travaux qui leur sont permis.

Pour ces travaux d'ailleurs, l'emploi de la main-d'œuvre militaire est prohibée à l'exception de celle des maîtres ouvriers eux-mêmes.

Ceux-ci ont l'obligation de payer au personnel civil qu'ils emploient le salaire normal des ouvriers de la spécialité dans la localité où se trouve l'atelier.

Enfin, les chefs de corps n'ont à s'immiscer sous aucun prétexte, dans les conventions passées à titre personnel ou collectif, par les officiers et les sous-officiers s'habillant à leurs frais, avec les maîtres ouvriers (*B. O.*, Min. Guerre, *op. cit.*, p. 17).

En fait, tous les maîtres tailleurs et bottiers font aux officiers de leur régiment des fournitures d'effets d'uniforme et de tenue bourgeoise. Ils ont donc bien nettement la qualité de chefs d'entreprise assujettis à la législation sur les accidents du travail en vertu de la loi du 12 avril 1906.

Il existe d'ailleurs sur ce point, un arrêt de la cour d'Aix du 4 mars 1900, confirmé par la Cour de cassation le 25 janvier 1911, et dont les motifs paraissent absolument déterminant.

Il s'agissait dans l'espèce visée par ces arrêts, d'un ouvrier civil travaillant pour le compte d'un maître tailleur, blessé au cours de son travail par l'explosion d'une capsule de cartouche placée imprudemment sur une machine par un militaire.

L'ouvrier s'adressa aux tribunaux civils devant lesquels il assigna son patron sur le fondement de la loi du 9 avril 1898 et cette action aboutit à l'arrêt précité de la Cour d'Aix qui, par adoption des motifs des premiers juges condamna le maître tailleur à payer à son ouvrier une rente annuelle et viagère.

Les juges d'appel se basaient notamment sur les considérations suivantes : « En tant qu'il reçoit et exécute les commandes des officiers pour les effets d'habillement militaire et pour les effets de tenue bourgeoise, le maître ouvrier n'est plus un simple ouvrier-tailleur préposé à l'exécution d'un service commandé et recourant éventuellement à la main-d'œuvre civile sous l'autorité et la surveillance du conseil d'administration ; il est bien un patron, un chef d'entreprise dont la clientèle sans doute ne peut s'étendre en dehors du régiment, mais qui achète des matières premières pour les façonner et les revendre, tire ainsi un profit non seulement de la main-d'œuvre, mais aussi des fournitures qu'il fait à ses clients et, pour donner plus sûrement satisfaction à ces derniers, attache à son atelier un ou plusieurs ouvriers civils qu'il paie de ses deniers.

Sur pourvoi du caporal tailleur contre cet arrêt, la Chambre des requêtes de la Cour de cassation rendit le 25 janvier 1911 un arrêt par lequel elle prononça le rejet du pourvoi.

Nous ne croyons pas pouvoir mieux faire que de reproduire les termes de cet arrêt :

« Attendu, disait-il, qu'il résulte des constatations de l'arrêt que Y*** (le maître-tailleur) loin de se renfermer dans l'exécution des travaux régimentaires, avait, en vertu d'une convention passée avec les officiers, accepté de réparer et de confectionner pour eux, en fournissant parfois la matière première, leurs effets de tenue militaire et bourgeoise ; qu'il était devenu ainsi un chef d'entreprise dirigeant pour son compte et à ses risques et périls un atelier de confections et exposé, par suite, à l'application de la loi du 9 avril 1898 ; attendu qu'il importe peu que les juges du fond n'aient pas spécifié à quel genre du travail se livrait X*** quand l'accident est survenu ; que la distinction entre les deux professions d'un même patron qui les exerce d'une façon confuse avec les mêmes ouvriers et avec le même matériel n'est opposable à l'ouvrier qu'autant qu'elle ressort du travail même auquel celui-ci était employé ; que X*** ayant été blessé sur le lieu où il travaillait et où l'appelait l'exécution d'un engagement commercial a réclamé à bon droit l'application de la loi du 9 avril 1898... »

Aussi, la Cour d'Aix et la Cour de cassation ont toutes deux successivement reconnu la qualité du chef d'entreprise, vis-à-vis de son ouvrier blessé au cours du travail, au maître tailleur d'un corps de troupe, et elles ont déduit de cette qualité les conséquences légales qui en découlent à sa charge par application de la loi du 9 avril 1898.

Nous pensons que des solutions analogues doivent être apportées, pour les motifs sus-indiqués au règlement des accidents du travail dont sont victimes les dames employées actuellement par les maîtres-ouvriers et payées directement par eux.

Il nous reste à examiner si le maître-ouvrier pourrait exciper de la qualité de préposé de l'autorité militaire exécutant pour son compte et sous ses ordres les travaux à lui confiés pour obtenir de l'État le remboursement des indemnités qui seront ainsi mises à sa charge.

Il serait possible, en effet, de soutenir que la charge définitive du paiement de la rente qu'il peut être condamné à servir aux ouvriers qu'il emploie ne doit pas, soit en droit, soit en équité, incomber au maître-ouvrier, alors que c'est en sa qualité de subordonné de l'autorité militaire qu'il exécute ou fait exécuter les travaux qu'elle lui prescrit, et que son rôle se borne à assurer le fonctionnement, au profit de l'État et dans les conditions qu'il lui impose, de l'atelier qui lui est confié.

Mais dans l'espèce précitée, la Cour d'Aix s'est précisément appuyée pour justifier la condamnation prononcée, sur ce qu'en fait, le maître-ouvrier ne se borne pas à assurer en qualité de maître-tailleur l'entretien des effets régimentaires, mais sur ce que, ainsi que l'y autorisent d'ailleurs les règlements, il joue en outre, vis-à-vis des officiers du régiment, le rôle de tailleur fournissant à ces officiers, à des conditions convenues, les effets d'habillement dont ils peuvent avoir besoin.

De cette circonstance que le maître-tailleur s'occupe dans son atelier — en dehors de ses fonctions de maître tailleur préposé à l'entretien des effets régimentaires — de la confection pour le compte des officiers de leurs effets d'habillement, la Cour d'Aix a conclu que le maître ouvrier ne peut pas être considéré « comme un simple tailleur pourvoyant à l'exécution d'un service commandé et recourant éventuellement à la main-d'œuvre civile, sous l'autorité et la surveillance de l'autorité militaire », mais qu'il faut voir en lui « un patron, un chef d'industrie tirant profit, non seulement de la main-d'œuvre mais des fournitures par lui faites à ses clients », et c'est à raison de ce caractère de patron que lui imprime son rôle de tailleur travaillant, en dehors de son service régimentaire et pour des prix librement débattus, pour le compte des officiers du régiment, qu'elle a fait peser sur lui la responsabilité que la loi de 1898 met à la charge du chef d'entreprise.

Dans ces conditions, il n'y a même pas lieu pensons-nous de rechercher pour chaque espèce la nature du travail effectué par le blessé au moment où il est victime de l'accident, le maître-tailleur devant être toujours considéré comme assujetti à la loi du 9 avril 1898 en raison de l'exercice de son industrie parallèle de maître tailleur et ne pouvant, par conséquent, en aucun cas, obtenir de l'Etat le remboursement des indemnités mises à sa charge.

Il convient d'ailleurs de remarquer que lorsque les maîtres-ouvriers font emploi de la main-d'œuvre civile dans les confections ou réparations, des majorations spéciales leur sont accordées qui tiennent compte de leurs frais généraux et des risques assurés.

Nous ajouterons que les dispositions qui viennent d'être étudiées sont en tous points conformes à l'opinion émise à différentes reprises sur la question par M. le ministre de la Guerre.

Il appartient donc, aux maîtres-ouvriers, qui désirent se couvrir du risque des accidents pouvant survenir au personnel civil qu'ils emploient, de contracter avec les compagnies d'assurances tels contrats qu'ils jugeront utiles.

TABLE DES MATIÈRES

SAINT-AMAND (CHER). — IMPRIMERIE BUSSIÈRE.

RED. :

16

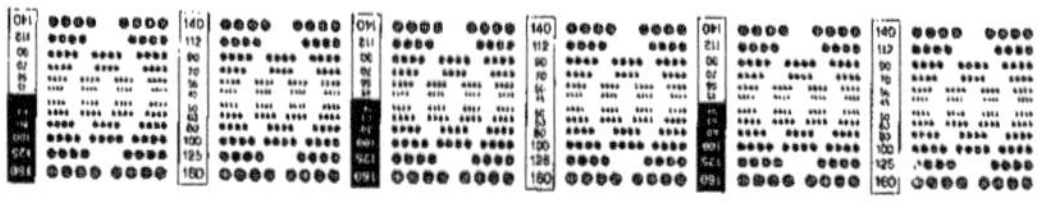

www.ingramcontent.com/pod-product-compliance
Ingram Content Group UK Ltd.
Pitfield, Milton Keynes, MK11 3LW, UK
UKHW020830120726
13693UKWH00002B/573